Die Dreigroschenoper von Bertolt Brecht und Kurt Weill ist seit ihrer Uraufführung 1928 weltweit eines der bekanntesten und meistgespielten Theaterstücke. Ungeachtet der großen Popularität des Werks war seine Quellenlage lange unzureichend, bis heute wird es ausschließlich in der zweiten Druckfassung verbreitet, die Brecht 1932 veröffentlichte und die sich vom Erstdruck 1928 gravierend unterscheidet. Mit der hier vorliegenden Publikation des Erstdrucks erscheint nun eine weithin ›unbekannte‹ Textfassung Brechts, welche ihre Nähe zur Musik Weills und zur Uraufführung wiederherstellt.

Ergänzt wird diese Edition von einem Kommentar, der alle für das Verständnis des Buches erforderlichen Informationen enthält: eine Zeittafel, Selbstaussagen des Autors zum Stück, die Entstehungs-, Text- und Rezeptionsgeschichte, einen Forschungsüberblick, Literaturhinweise sowie detaillierte Wort- und Sacherläuterungen. Die Schreibweise des Kommentars entspricht den neuen Rechtschreibregeln.

Joachim Lucchesi, Musikwissenschaftler und Musikdramaturg, war von 2000 bis 2003 am Institut für Literaturwissenschaft der Universität Karlsruhe (Arbeitsstelle Bertolt Brecht) tätig. Buchpublikationen zur Musik- und Literaturgeschichte des 20. Jahrhunderts, darunter Standardwerke der internationalen Brecht-Forschung. Mitherausgeber der Schriftenreihe der Kurt-Weill-Gesellschaft Dessau. 2013 erschien die von ihm kommentierte Textausgabe der Oper *Aufstieg und Fall der Stadt Mahagonny* von Kurt Weill und Bertolt Brecht in der Fassung des Erstdrucks von 1929 (SBB 63).

Bertolt Brecht
Die Dreigroschenoper

Der Erstdruck 1928
Mit einem Kommentar
von Joachim Lucchesi

Suhrkamp

Der vorliegende Text folgt der Ausgabe:
Die Dreigroschenoper (The Beggar's Opera). Ein Stück mit Musik
in einem Vorspiel und acht Bildern nach dem Englischen des John
Gay. Übersetzt von Elisabeth Hauptmann. Deutsche Bearbeitung
von Bert Brecht. Musik von Kurt Weill. Wien/Leipzig: Universal-
Edition A. G. 1928.
Der Anhang folgt der Ausgabe: Bertolt Brecht, Werke. Große kom-
mentierte Berliner und Frankfurter Ausgabe, hg. v. Werner Hecht,
Jan Knopf, Werner Mittenzwei und Klaus-Detlef Müller. Band 24:
Schriften 4. Texte zu Stücken. Bearbeitet von Peter Kraft unter Mit-
arbeit von Marianne Conrad, Sigmar Gerund und Benno Slupianek.
Berlin und Weimar/Frankfurt/M. 1991, S. 56–68, S. 70–73.

11. Auflage 2019

Erste Auflage 2004
Originalausgabe
Suhrkamp BasisBibliothek 48

Satz: pagina GmbH, Tübingen
Druck: CPI – Ebner & Spiegel, Ulm
Umschlagabbildung: Münchner Stadtmuseum, Sammlung Fotografie
Umschlaggestaltung: Hermann Michels und Regina Göllner
Printed in Germany

ISBN 978-3-518-18848-4

Inhalt

Die Dreigroschenoper

Personen

(österr.) Platte
= Bande

JONATHAN JEREMIAH PEACHUM, Chef einer Bettlerplatte*

FRAU PEACHUM

POLLY PEACHUM, ihre Tochter

MACHEATH, Chef einer Platte von Straßenbanditen 5

BROWN, Polizeichef von London

LUCY, seine Tochter

TRAUERWEIDENWALTER

HAKENFINGERJAKOB

MÜNZMATTHIAS — Macheaths Leute, 10

SÄGEROBERT — Straßenbanditen

EDE

JIMMY

FILCH, einer von Peachums Bettlern

SPELUNKENJENNY, Hure 15

SMITH, erster Konstabler

BETTLER

HUREN

KONSTABLER

Personen

Nr. 1. ⌜Ouvertüre⌝.

*Während der Ouvertüre geht der kleine Zwischenvorhang,
auf dem »Die Dreigroschenoper« steht, auf, und man sieht
auf den beiden Projektionstafeln rechts und links den Titel:*
5 *Sie werden heute abend eine Oper für Bettler sehen. Weil
diese Oper so prunkvoll gedacht war, wie nur Bettler sie
erträumen, und weil sie doch so billig sein sollte, daß Bettler sie bezahlen können, heißt sie
»Die Dreigroschenoper«.*

10 *Nach der Ouvertüre schließt sich der kleine Vorhang.
Wenn er wieder aufgeht, stehen die Schauspieler, wie je-
desmal, schon auf ihren Plätzen, sind aber nicht beleuchtet, damit man die Schrift auf der Tafel sehen kann.*

Der Titel des Vorspiels heißt:

15 Die ⌜Moritat⌝ von Mackie Messer

*Nachdem die Tafeln so lange beleuchtet waren, daß man
die Inschriften lesen konnte, geht die Beleuchtung von den
Tafeln weg auf die Schauspieler.*

Vorspiel

20 *Jahrmarkt in ⌜Soho⌝. Die Bettler betteln, die Diebe stehlen,
die Huren huren. Ein Moritatensänger singt die Moritat:*

Nr. 2. MORITAT.

Und der ⌈Haifisch⌉, der hat Zähne,
Und die trägt er im Gesicht,
Und der Macheath, der hat ein Messer,
Doch das Messer sieht man nicht.

An 'nem schönen blauen Sonntag
Liegt ein toter Mann am ⌈Strand⌉,
Und ein Mensch geht um die Ecke,
den man Mackie Messer nennt.

Und Schmul Meier* bleibt verschwunden,
Und so mancher reiche Mann,
Und sein Geld hat Mackie Messer,
Dem man nichts beweisen kann.

(jidd.)
Männl. Name

10

*(Von links nach rechts gehen Peachum mit Frau und
Tochter über die Bühne, spazierengehend.)*

15

Jenny Towler* ward gefunden
Mit 'nem Messer in der Brust,
Und am Kai* geht Mackie Messer,
Der von allem nichts gewußt.

Anglophile
Namensbil-
dung Brechts

Befestigtes
Hafenufer

Und das große Feuer in Soho,
Sieben Kinder und ein Greis,
In der Menge Mackie Messer, den
Man nichts fragt und der nichts weiß.

20

Und die minderjährige Witwe,
Deren Namen jeder weiß,
Wachte auf und war geschändet*,
Mackie, welches war dein Preis?

sexuell
missbraucht

25

(Unter den Huren links ein Gelächter und aus ihrer Mitte löst sich ein Mensch und geht rasch über die ganze Bühne weg. Alle weichen zurück.)

SPELUNKEN-JENNY Das war Mackie Messer!

(Kleiner Vorhang zu.)

Erster Akt

1. Bild

Auf den Tafeln erscheint der Titel: »Um der zunehmenden Verhärtung der Menschen zu begegnen, hatte der Geschäftsmann ⌐J. Peachum⌐ einen Laden eröffnet, in dem die Elendesten der Elenden jenes Aussehen erhielten, das zu den immer verstockteren Herzen sprach«.

Jonathan Jeremiah Peachums Bettlergarderoben. Kleine Boxen zum Umkleiden. Ein Doppelpult. Türe links. Kleine Eisentreppe rechts. Überall Krücken, Krüppelwägen und alte Kleider. Sowie Plakate mit Bibelsprüchen. Rechts ein großer ⌐Kasten mit fünf Wachspuppen, den Grundtypen des Elends⌐.

Nr. 3. MORGENCHORAL DES PEACHUM.

(Frau Peachum singt aus dem Nebenzimmer mit.)

PEACHUM *(singt)* Wach' auf, du verrotteter Christ!
Mach' dich an dein sündiges Leben,

Zeig', was für ein Schurke du bist,
Der Herr wird es dir dann schon geben.
Verkauf deinen Bruder, du Schuft!
Verschacher* dein Eh'weib, du Wicht!
Der Herrgott, für dich ist er Luft?
Er zeigt dir's beim Jüngsten Gericht!

5

PEACHUM *(spricht)* Ja, es muß etwas Neues geschehen.
Mein Geschäft ist zu schwierig, denn mein Geschäft ist
es, das menschliche Mitleid zu erwecken. Es gibt einige
wenige Dinge, die den Menschen erschüttern, einige wenige, aber das Schlimme ist, daß sie, mehrmals angewendet, schon nicht mehr wirken. Denn der Mensch hat
die furchtbare Fähigkeit, sich gleichsam nach eigenem
Belieben gefühllos zu machen. So kommt es zum Beispiel, daß ein Mann, der einen anderen Mann mit einem
Armstumpf an der Straßenecke stehen sieht, ihm wohl
in seinem Schrecken das erstemal zehn Pennies* zu geben bereit ist, aber das zweitemal nur mehr 5 Pennies,
und sieht er ihn das drittemal, übergibt er ihn kaltblütig
der Polizei. Ebenso ist es mit den geistigen Hilfsmitteln.
(Eine große Tafel mit ⌈»Geben ist seliger als Nehmen«⌉
kommt vom ⌈Schnürboden⌉ *herunter.)* Was nützen die
schönsten und dringendsten Sprüche, aufgemalt auf die
verlockendsten Täfelchen, wenn sie sich so rasch ver-
brauchen. In der Bibel gibt es etwa vier, fünf Sprüche,
die das Herz rühren, wenn man sie verbraucht hat, ist
man glatt brotlos. Wie hat sich zum Beispiel dieses
⌈»Gib, so wird dir gegeben«⌉ in knapp drei Wochen, wo
es hier hängt, abgenützt. Es muß eben immer Neues ge-
boten werden. Da muß eben die Bibel wieder herhalten,
aber wie oft wird sie es noch?
*(Es klopft, Peachum öffnet, herein tritt ein junger
Mann, namens* ⌈Filch⌉.)

10

15

20

25

30

FILCH Peachum & Co.?

PEACHUM Peachum.

FILCH Sind Sie Besitzer der Firma »Bettlers Freund«? Man
hat mich zu Ihnen geschickt. Ja, das sind Sprüche! Das
ist ein Kapital! Sie haben wohl eine ganze Bibliothek von
solchen Sachen? Das ist schon ganz was anderes. Unsereiner – wie soll der auf Ideen kommen und ohne Bil-
dung, wie soll da das Geschäft florieren?

PEACHUM Ihr Name?

FILCH Sehen Sie, Herr Peachum, ich habe von Jugend an
Unglück gehabt. Meine Mutter war eine Säuferin, mein
Vater ein Spieler. Von früh an auf mich selber angewie-
sen, ohne die liebende Hand einer Mutter, geriet ich immer tiefer in den Sumpf der Großstadt. Väterliche Fürsorge und die Wohltat eines traulichen Heims habe ich
nie gekannt. Und so sehen Sie mich denn ...

PEACHUM Ich sehe.

FILCH *(verwirrt)* Aller Mittel entblößt, eine Beute meiner
Triebe.

PEACHUM Wie ein Wrack auf hoher See und so weiter.
Nun sagen Sie mir mal, Sie Wrack, in welchem Distrikt
sagen Sie dieses Kindergedicht auf?

FILCH Wieso, Herr Peachum?

PEACHUM Den Vortrag halten Sie doch öffentlich?

FILCH Ja, sehen Sie, Herr Peachum, da war gestern so ein
kleiner peinlicher Zwischenfall in der ⌐Highland Street⌐.
Ich stehe da still und unglücklich an der Ecke, Hut in der
Hand, ohne was Böses zu ahnen ...

PEACHUM *(blättert in einem Notizbuch)* Highland Street.
Ja, ja, stimmt. Du bist der Dreckkerl, den Honey und
Sam gestern erwischt haben. Du hattest die Frechheit,
im Distrikt* 10 die Passanten zu belästigen. Wir haben
es bei einer Tracht Prügel bewenden lassen, weil wir an-
nehmen konnten, du weißt nicht, wo Gott wohnt. Wenn
du dich aber noch einmal blicken läßt, dann wird die
Säge angewendet, verstehst du?

(engl.)
Verwaltungs-
bezirk, hier:
Geschäfts-
bereich

FILCH Bitte, Herr Peachum, bitte. Was soll ich denn machen, Herr Peachum? Die Herren haben mich wirklich ganz blau geschlagen und dann haben sie mir Ihre Geschäftskarte gegeben. Wenn ich meine Jacke ausziehe, würden Sie meinen, Sie haben einen Schellfisch vor sich. [5]

PEACHUM Lieber Freund, wenn du noch gehen kannst, waren meine Leute verdammt nachlässig. Da kommt dieses junge Gemüse und meint, wenn es die Pfoten hinstreckt, dann hat es ⌜sein Steak im Trockenen⌝. Was würdest du sagen, wenn man aus deinem Teich die besten Forellen herausfischt? [10]

FILCH Ja, sehen Sie, Herr Peachum – ich habe ja keinen Teich.

(lat.-engl.)
beruflich
Ausübende

PEACHUM Also, Lizenzen werden nur an Professionals* verliehen. *(Zeigt geschäftsmäßig einen Stadtplan.)* London ist eingeteilt in vierzehn Distrikte. Jeder Mann, der in einem davon das Bettlerhandwerk auszuüben gedenkt, braucht eine Lizenz von Jonathan Jeremiah Peachum & Co. Ja, da könnte jeder kommen – eine Beute seiner Triebe. [15] [20]

Brit.
Währungs-
einheit

FILCH Herr Peachum, wenige Schillinge* trennen mich vom völligen Ruin. Es muß etwas geschehen, mit zwei Schillingen in der Hand ...

PEACHUM Zwanzig. [25]

FILCH Herr Peachum! *(Zeigt flehend auf ein Plakat, auf dem steht: ⌜»Verschließt euer Ohr nicht dem Elend«⌝).*

PEACHUM *(zeigt auf den Vorhang vor dem Schaukasten, auf dem steht: »Gib, so wird dir gegeben«).*

FILCH Zehn. [30]

PEACHUM Und fünfzig Prozent bei wöchentlicher Abrechnung. Mit Ausstattung siebzig Prozent.

FILCH Bitte, worin besteht denn die Ausstattung?

PEACHUM Das bestimmt die Firma.

FILCH In welchem Distrikt könnte ich denn da antreten?

PEACHUM *(vor dem Riesenplan der Stadt London)* ⌐Baker-street⌐ 2–103. Da ist es sogar billiger. Da sind es nur fünfzig Prozent mit Ausstattung.

5 FILCH Bitte sehr. *(Er bezahlt.)*

PEACHUM Ihr Name?

FILCH Charles Filch.

PEACHUM *(schreit)* Frau Peachum! *(Frau Peachum kommt.)* Das ist Filch. Nummer dreihundertvierzehn.

10 Distrikt Bakerstreet. Ich trage selbst ein. Natürlich, jetzt, gerade vor der ⌐Krönungsfeierlichkeit⌐ wollen Sie eingestellt werden: Die einzige Zeit in einem Menschen-alter, wo eine Kleinigkeit herauszuholen wäre. Ausstat-tung C.

15 *(Er öffnet den Leinenvorhang vor dem Kasten rechts.)*

FILCH Was ist das?

PEACHUM Das sind die fünf Grundtypen des Elends, die geeignet sind, das menschliche Herz zu rühren. Der An-blick solcher Typen versetzt den Menschen in jenen un-

20 natürlichen Zustand, in welchem er bereit ist, Geld her-zugeben. Also Ausstattung C! Celia, du hast schon wie-der getrunken! Und jetzt siehst du nicht aus den Augen. Nummer hundertsechsunddreißig hat sich beschwert über seine Kluft. Wie oft soll ich dir sagen, daß ein Gent-

25 leman keine dreckigen Kleidungsstücke auf den Leib nimmt. Nummer hundertsechsunddreißig hat ein nagel-neues Kostüm bezahlt. Die Flecken, das einzige, was daran Mitgefühl erregen kann, waren hineinzubekom-men, indem man einfach Stearinkerzenwachs* hinein-

30 bügelte. Nur nicht denken! Alles soll man allein ma-chen. *(Zu Filch)* Zieh' dich aus und zieh' das an, aber halte es im Stande!

FILCH Und was geschieht mit meinen Sachen?

PEACHUM Gehören der Firma. Ausstattung A ... Junger

35 Mann, der bessere Tage gesehen hat, beziehungsweise dem es nicht an der Wiege gesungen wurde.

* Talg zur Kerzen-herstellung

FILCH Ach so, das verwenden Sie wieder? Warum kann ich das nicht mit den besseren Tagen machen?

PEACHUM Weil einem niemand sein eigenes Elend glaubt, mein Sohn. Wenn du Bauchweh hast, und du sagst es, dann berührt das nur widerlich. Im übrigen hast du überhaupt nichts zu fragen, sondern diese Sachen anzuziehen.

FILCH Sind sie nicht ein wenig schmutzig? *(Da Peachum ihn durchbohrend anblickt)* Entschuldigen Sie, bitte, entschuldigen Sie.

FRAU PEACHUM Jetzt mach' mal ein bißchen plötzlich, Kleiner, ich halte dir deine Hosen nicht bis Weihnachten.

FILCH *(plötzlich ganz heftig)* Aber meine Stiefel ziehe ich nicht aus! Auf gar keinen Fall. Da verzichte ich lieber. Das ist das einzige Geschenk meiner armen Mutter, und niemals, nie, ich mag noch so tief gesunken ...

FRAU PEACHUM Red' keinen Unsinn, ich weiß doch, daß du dreckige Füße hast.

FILCH Wo soll ich meine Füße auch waschen? Mitten im Winter! *(Frau Peachum bringt ihn hinter einen Wandschirm, dann setzt sie sich links und bügelt Kerzenwachs in einen Anzug.)*

PEACHUM Wo ist deine Tochter?

FRAU PEACHUM Polly? Oben!

PEACHUM War dieser junge Mann gestern wieder hier? Der immer kommt, wenn ich weg bin!

FRAU PEACHUM Sei nicht so mißtrauisch, Jonathan, es gibt keinen feineren Gentleman, der Herr Captn hat sehr viel übrig für unsere Polly.

PEACHUM So.

FRAU PEACHUM Und wenn ich nur für zehn Pennies Grips hier habe, dann findet ihn Polly auch sehr nett.

PEACHUM Celia, du schmeißt mit deiner Tochter um dich, als ob ich Millionär wäre! Sie soll wohl heiraten?

Glaubst du denn, daß unser Drecksladen noch eine Woche lang geht, wenn dieses Geschmeiß von Kundschaft nur unsere Beine zu Gesicht bekommt? Ein Bräutigam! Der hätte uns doch sofort in den Klauen! So hätte
5 er uns! Meinst du, daß deine Tochter im Bett besser ihr Maul hält als du?

FRAU PEACHUM Du hast eine nette Vorstellung von deiner Tochter!

PEACHUM Die schlechteste. Die allerschlechteste. Nichts
10 als ein Haufen Sinnlichkeit!

FRAU PEACHUM Die hat sie jedenfalls nicht von dir.

PEACHUM Heiraten! Meine Tochter soll für mich das sein, ⌐was das Brot für den Hungrigen¬, *(er blättert nach)* das steht sogar irgendwo in der Bibel. Heiraten, das ist über-
15 haupt so eine Schweinerei. Ich will ihr das Heiraten schon austreiben.

FRAU PEACHUM Jonathan, du bist einfach ungebildet.

PEACHUM Ungebildet! Wie heißt er denn, der Herr?

FRAU PEACHUM Man heißt ihn immer nur »den Captn«.

20 PEACHUM So, ihr habt ihn nicht einmal nach seinem Namen gefragt?

FRAU PEACHUM Wir werden doch nicht so plump sein und ihn nach seinem Geburtsschein fragen, wenn er so vornehm ist und uns beide ins Tintenfischhotel einlädt zu
25 einem kleinen ⌐Step¬.

PEACHUM Wohin?

FRAU PEACHUM Ins Tintenfisch zu einem kleinen Step.

PEACHUM Captn? Tintenfischhotel? So, so, so …

FRAU PEACHUM Der Herr hat meine Tochter und mich im-
30 mer nur ⌐mit Glacéhandschuhen angefaßt¬.

PEACHUM Glacéhandschuhe!

FRAU PEACHUM Er hat übrigens wirklich immer Handschuhe an, und zwar weiße: weiße Glacéhandschuhe.

PEACHUM So, weiße Handschuhe und einen Stock mit ei-
35 nem Elfenbeingriff, und Gamaschen* an den Schuhen

Schützende
Verlängerung
des Schuh-
schafts

und Lackschuhe und ein bezwingendes Wesen und eine Narbe ...

FRAU PEACHUM Am Hals. Wieso kennst du denn den schon wieder?

(Filch kriecht aus der Box.)

PEACHUM Was ist denn nun schon wieder los?

FILCH Herr Peachum, könnte ich nicht noch einen Tip bekommen, ich bin immer für ein System gewesen, und nicht, daß man so etwas Zufälliges daherredet.

FRAU PEACHUM Hm, ein System muß er haben!

PEACHUM Er soll einen Idioten machen.

FRAU PEACHUM Ja, das kann er.

PEACHUM Das wird das beste sein. Du kommst heute abend um sechs Uhr, und da wird dir das Nötige beigebracht werden. Verroll dich!*

FILCH Danke sehr, Herr Peachum, tausend Dank. *(Ab.)*

PEACHUM Fünfzig Prozent! – – Und jetzt werde ich dir auch sagen, wer dieser Herr mit den Handschuhen ist – Mackie Messer! *(Er läuft nach rechts die Treppe hinauf.)*

FRAU PEACHUM Um Gottes willen. Mackie Messer, Jesus, Jesus, Jesus, komm', Herr Jesus, sei unser Gast* – – ja, da muß man ja sofort – Polly! – Polly! Was i s t mit Polly? *(Peachum kommt langsam zurück.)*

PEACHUM Ja, Polly ist nicht nach Hause gekommen. Das Bett ist unberührt.

FRAU PEACHUM Da hat sie mit dem Wollhändler soupiert*. Sicher, Jonathan!

PEACHUM Gott gebe, daß es der Wollhändler war!

(Kleiner Vorhang zu.)

(Vor den Vorhang treten Herr und Frau Peachum und singen. Songbeleuchtung: goldenes Licht. An einer Stange kommen von oben drei Lampen herunter und auf den Tafeln steht: »Der Anstatt daß-Song«).

Marginal notes:
Derb für: Hau' ab!
Beginn eines kurzen Tischgebets
(franz.) zu Abend gegessen

Nr. 4. ANSTATT DASS-SONG.

PEACHUM Anstatt daß
    Sie zu Hause bleiben und im warmen Bett,
    Brauchen sie Spaß,
5 Grad' als ob man ihnen eine Extrawurst gebraten hätt'.
FRAU PEACHUM Das ist der Mond über Soho,
    Das ist der verdammte »Fühlst-du-mein-Herz-
                       schlagen«-Text.
    Das ist das »Wenn du wohingehst, geh' auch ich wohin,
10   Jonny!«
    Wenn die Liebe anhebt und der Mond noch wächst.
PEACHUM Anstatt daß
    Sie was täten, was 'nen Sinn hat und 'nen Zweck,
    machen sie Spaß
15 und verrecken dann natürlich glatt im Dreck.
BEIDE Das ist der   ⎫
    Was nützt dann dein⎬ Mond über Soho,
                ⎭
    Das ist der verdammte   ⎫ »Fühlst du mein
    Wo bleibt dann ihr verdammter⎬ Herz schlagen« Text.
20 Das ist das   ⎫ »Wenn du wohin gehst, geh' ich
    Wo ist dann das⎬ auch wohin, Jonny«,
    Wenn die Liebe anhebt und der Mond noch wächst.

2. Bild

Titel: Tief im Herzen Sohos feiert der Bandit Mackie Mes-
25 *ser seine Hochzeit mit Polly Peachum, der Tochter des*
Bettlerkönigs.

Leerer Pferdestall. Am nächsten Tag 5 Uhr nachmittags. Es
ist ziemlich dunkel. Herein tritt Macheath mit Münzmat-
thias und Polly.

MATTHIAS *(leuchtet den Stall ab, mit Revolver)* Hallo,
Hände hoch, wenn jemand hier ist!
(MORITATENMUSIK Nr. 2, ganz leise, wie als Motiv.)
(Macheath tritt ein, macht einen Rundgang auf der
Rampe entlang. Musik hört auf.)

MACHEATH Na, ist jemand da?

MATTHIAS Kein Mensch! Hier können wir ruhig unsere
Hochzeit feiern.

POLLY Aber das ist doch ein Pferdestall!

MAC Setz' dich einstweilen auf die Krippe, Polly. In diesem
Pferdestall findet heute meine Hochzeit mit Fräulein
Polly Peachum statt, die mir aus Liebe gefolgt ist, um
mein weiteres Leben mit mir zu teilen.

MATTHIAS Viele Leute in London werden sagen, daß das
das Kühnste ist, was du bis heute unternommen hast,
daß du Herrn Peachum einzigstes Kind aus seinem
Hause gelockt hast.

MAC Wer ist Herr Peachum?

MATTHIAS Er selber wird sagen, daß er der ärmste Mann
Londons sei.

POLLY Aber hier kannst du doch nicht unsere Hochzeit
feiern wollen? Das ist doch ein ganz gewöhnlicher Pferdestall. Hier kannst du doch den Herrn Pfarrer nicht
herbitten. Noch dazu gehört er nicht mal uns. Wir sollten wirklich nicht mit einem Einbruch unser neues Leben beginnen, Mac. Das ist doch der schönste Tag unseres Lebens.

MAC Liebes Kind, es wird alles geschehen, wie du es wün-
schest. ⌜Du sollst deinen Fuß nicht an einen Stein sto-
ßen⌝. Die Einrichtung wird eben auch schon gebracht.

MATTHIAS Da kommen die Möbel.
(Mac eilt hinaus, man hört große Lastwagen anfahren,
ein halbes Dutzend Individuen kommen herein, die
Teppiche, Möbel, Geschirr usw. schleppen, womit sie
den Stall in ein übertrieben feines Lokal verwandeln.)

MAC Schund*.

(Die Herren stellen links die Geschenke nieder, gehen dann zu dem rechts sitzenden Paar, gratulieren der Braut, referieren dem Bräutigam.)*

5 JAKOB Glückwunsch! ⌜Ginger Street⌝ 14 waren Leute im ersten Stock. Wir mußten sie erst ausräuchern.

SÄGEROBERT Glückwunsch. ⌜Am Strand⌝ ging ein Konstabler hops.

EDE Wir haben getan, was wir konnten, aber drei Leute in
10 ⌜Westend⌝ waren nicht zu retten. Glückwunsch.

JIMMY Ein älterer Herr hat etwas abbekommen. Ich glaube aber nicht, daß es etwas Ernstes ist. Glückwünsch.

WALTER *(genannt Trauerweidenwalter)* Glückwunsch.
15 Das Cembalo*, meine Dame, gehörte noch vor einer halben Stunde der Herzogin von Somersetshire.

POLLY Was sind das für Möbel?

MAC Wie gefallen dir die Möbel, Polly?

POLLY *(weint)* Die vielen armen Leute, wegen der paar
20 Möbel.

MAC Und was für Möbel! Schund! Du hast ganz recht, wenn du dich ärgerst. Ein Rosenholz-Cembalo* und dann ein ⌜Renaissance-Sofa⌝. Das ist unverzeihlich. Wo ist überhaupt ein Tisch?

25 WALTER Ein Tisch? *(Sie legen über Krippen einige Bretter.)*

POLLY Ach, Mac! Ich bin ganz unglücklich. Hoffentlich kommt wenigstens der Herr Pfarrer nicht.

MATTHIAS Natürlich. Wir haben ihm den Weg ganz genau
30 beschrieben.

WALTER *(führt den Tisch vor)* Captn, ein Tisch!

MAC *(da Polly weint)* Meine Frau ist außer sich. Wo sind denn überhaupt die anderen Stühle? Ein Cembalo, und keine Stühle bringen sie. Nur nicht denken. Wenn ich
35 mal Hochzeit feiere, wie oft kommt das schon vor?

Hier: Billige, wertlose Gegenstände

Hier: sich empfehlen

(ital.) Tasteninstrument

Aus brasil. gelblich-rotem Edelholz

(Walter hustet.) Halt die Fresse, Trauerweide! Wie oft kommt das schon vor, sag' ich, daß ich euch schon was überlasse? Da macht ihr meine Frau von Anfang an unglücklich.

EDE Liebe Polly –

MAC *(haut ihm den Hut vom Kopf)* Liebe Polly! Ich werde dir deinen Kopf in den Darm hauen mit »liebe Polly«, du Dreckspritzer. Hat man so etwas schon gehört, »liebe Polly«! Hast du mit ihr etwa geschlafen?

POLLY Aber Mac –

EDE Geschlafen, also ich schwöre …

WALTER Gnädige Frau, wenn einige Ausstattungsstücke fehlen sollten, wollen wir eben noch einmal –

MAC Ein Rosenholz-Cembalo, und keine Stühle. *(Lacht)* Was sagst du dazu als Braut?

POLLY *(lacht widerstrebend mit)* Das ist wirklich nicht das Schlimmste.

MAC Zwei Stühle und ein Sofa, und das Brautpaar setzt sich auf den Boden!

POLLY Ja, das wär' so was!

MAC *(scharf)* Diesem Cembalo die Beine absägen! Los! Los!

(Vier Leute sägen die Tischbeine ab, singen dabei.)

Nr. 5. HOCHZEITSLIED.

(Ohne Begleitung.)

Anglophile
Namensbil-
dung Brechts

Bill Lawgen und Mary Syer*
Wurden letzten Mittwoch Mann und Frau,
Als sie drin standen vor dem Standesamt
Wußte er nicht, woher ihr Brautkleid stammt,
Aber sie wußte seinen Namen nicht genau.
       Hoch!

Erster Akt

WALTER Und so wird zum guten Ende doch noch eine Bank daraus, gnädige Frau!

MAC Dürfte ich die Herren jetzt bitten, die dreckigen Lumpen abzulegen und sich anständig herzurichten? Schließlich ist es nicht die Hochzeit eines Irgendjemand. Polly, darf ich dich bitten, daß du dich um die Freßkörbe kümmerst?

(Die Herren ziehen sich – sichtbar – um.)

POLLY Ist das das Hochzeitsessen? Ist alles gestohlen, Mac?

MAC Natürlich, natürlich.

POLLY Ich möchte wissen, was du machst, wenn es an die Tür klopft und der Sheriff kommt herein?

MAC Das werde ich dir zeigen, was dein Mann da macht.

MATTHIAS Ganz ausgeschlossen heute. Alle berittenen Konstabler sind selbstverständlich in Daventry*. Sie holen die Königin ab, ⌐wegen der Krönung am Freitag⌐.

POLLY Zwei Messer und vierzehn Gabeln! Für jeden Stuhl ein Messer.

MAC So was von Versagen! Lehrlingsarbeit ist das. Nicht die Arbeit reifer Männer! Habt ihr denn keine Ahnung von Stil? Man muß doch ⌐Chippendale⌐ von Louis ...

WALTER Louis?

MAC ⌐Quatorze⌐ unterscheiden können.

(Die Bande kehrt zurück, die Herren tragen jetzt elegante Abendanzüge, bewegen sich aber leider in folgendem nicht dementsprechend.)

WALTER Wir wollten eigentlich die wertvollsten Sachen bringen. Sieh dir mal das Holz an! Das Material ist absolut erstklassig.

MATTHIAS Ssst, Ssst! Gestatten Sie, Captn – –

MAC Polly, komm mal her. *(Das Paar stellt sich in Gratulationspositur.)*

MATTHIAS Gestatten Sie, Captn, daß wir Ihnen am schönsten Tag Ihres Lebens, ⌐in der Maienblüte⌐ Ihrer Lauf-

*Engl. Stadt der Grafschaft Northampton

bahn, wollte sagen Wendepunkt, die herzlichsten und
zugleich dringendsten Glückwünsche darbringen und

so weiter. Ist ja ekelhaft, dieser gespreizte Ton*. Also
kurz und gut: *(schüttelt Mac die Hand)* Kopf hoch, altes
Haus!   5

MAC Ich danke dir, das war nett von dir, Matthias.

MATTHIAS *(Polly die Hand schüttelnd, nachdem er Mac
gerührt umarmt hat)* Ja, das sind Herzenstöne! Na also,
Kopf nicht sinken lassen, alte Schaluppe*, das heißt
(grinsend) was den Kopf* betrifft, den darf er nicht sin- 10
ken lassen. *(Brüllendes Gelächter der Gäste. Plötzlich
legt Mac Matthias mit einem leichten Griff um.)*

MAC Halt die Schnauze. Deine Zoten* kannst du bei deiner
Kitty absetzen, das ist die richtige Schlampe dafür.

POLLY Mac, sei nicht so ordinär.   15

MATTHIAS Also, da möcht' ich doch protestieren, daß du
Kitty eine Schlampe – *(Steht mühsam wieder auf.)*

MAC So, da mußt du protestieren?

MATTHIAS Und überhaupt, Zoten nehme ich ihr gegenüber niemals in mein Maul. Dazu achte ich Kitty viel zu   20
hoch. – Was du vielleicht gar nicht verstehst, so wie du
gebaut bist. Du hast grade nötig, von Zoten zu reden.
Meinst du, Lucy hat mir nicht gesagt, was du ihr gesagt
hast! Da bin ich überhaupt ein Glacéhandschuh dage-
gen.   25

MAC *(blickt ihn an).*

JAKOB Komm, komm, es ist doch Hochzeit. *(Sie ziehen ihn
weg.)*

MAC Schöne Hochzeit, was, Polly? Diese Dreckhaufen
mußt du um dich sehen am Tage deiner Eheschließung.   30
Das hättest du dir auch nicht gedacht, daß dein Mann so
von seinen Freunden im Stich gelassen würde! Kannst
du was lernen.

POLLY Ich find's ganz hübsch.

ROBERT *(genannt Sägerobert)* Quatsch. Von im Stich lassen ist gar keine Rede. Eine Meinungsverschiedenheit
kann doch überall mal vorkommen. Deine Kitty ist
ebenso gut wie jede andere. Aber jetzt rück' mal mit
5   deinem Hochzeitsgeschenk heraus, alte Münze.

ALLE Na, los, los.

MATTHIAS *(beleidigt)* Da.

POLLY Ach, ein Hochzeitsgeschenk. Das ist aber nett von
Ihnen, Herr Münzmatthias. Schau' mal her, Mac, was
10   für ein schönes Nachthemd.

MATTHIAS Vielleicht auch eine Zote, was, Captn?

MAC Ist schon gut. Wollte dich doch nicht kränken damit
an diesem Ehrentage.

WALTER Na, und das? Chippendale! *(Er enthüllt eine rie-*
15   *senhafte Chippendale-Standuhr.)*

MAC Quatorze.

POLLY Die ist großartig. Ich bin so glücklich. Ich finde
keine Worte. Ihre Aufmerksamkeiten sind so fanta-
stisch. Schade, daß wir keine Wohnung dafür haben,
20   nicht, Mac!

MAC Na, betrachte es als den Anfang. Aller Anfang ist
schwer.

WALTER Sehr schwer, meine Liebe, sehr schwer, die ist ungeheuer schwer. Wie ich sie aus dem Geschäft heraus-   mühsam
25   bugsierte*, heute früh vier Uhr, und weit und breit keine   beförderte
⌐Droschke⌐, na, ich dachte, ich kann doch an diesem
Tage nicht ohne irgendeine Kleinigkeit, – aber eine
Droschke brauchst du schon, wenn du sie auf deinem
weiteren Lebensweg mitnehmen willst.

30 MAC Dank' dir auch bestens, Walter. Na, räumt mal das
Zeug da weg. Trag' mal das Essen 'rein. Kalte Küche,
Polly, Gründe naheliegend, kannst du was lernen. Los,
los, los.

JAKOB *(während die anderen schon decken)* Ich habe na-
35   türlich wieder nichts mitgebracht. *(Eifrig zu Polly)* Sie

dürfen mir glauben, junge Frau, daß mir das sehr unangenehm ist.

POLLY Herr Hakenfingerjakob, das hat rein gar nichts zu sagen.

JAKOB Die ganzen Jungens schmeißen nur so mit Geschenken um sich und ich stehe so da. Sie müssen sich in meine Lage versetzen. Aber so geht es mir immer. Ich könnte Ihnen da Lagen aufzählen! Mensch, da steht Ihnen der Verstand still. Da treffe ich neulich die Spelunkenjenny, na, sag' ich, alte Sau – *(Sieht plötzlich Mac hinter sich stehen und geht wortlos weg.)*

MAC *(führt sie zu ihrem Platz)* Das ist das beste Essen, das du an diesem Tage kosten wirst, Polly. Darf ich bitten! *(Alles setzt sich zum Hochzeitsessen.)*

EDE *(auf das Service deutend)* Schöne Teller, ⌜Savoy-Hotel⌝.

JAKOB Die Mayonnaise-Eier sind von ⌜Selfridge⌝. Es war noch ein Kübel Gänseleberpastete vorgesehen. Aber den hat Jimmy unterwegs aus Wut aufgefressen, weil er ein Loch hatte*.

WALTER Man sagt unter feinen Leuten nicht Loch.

JIMMY Friß die Eier nicht so hinunter, Ede, an diesem Tage!

MAC Kann nicht einer mal was singen? Was Ergötzliches*?

MATTHIAS *(verschluckt sich vor Lachen)* Was Ergötzliches? Das ist ein prima Wort. *(Er setzt sich unter Macs vernichtendem Blick verlegen nieder.)*

MAC *(haut einem die Schüssel aus der Hand)* Ich wollte eigentlich noch nicht mit dem Essen anfangen. Ich hätte es lieber gesehen, wenn es bei euch nicht gleich »'ran an den Tisch und 'rein in die Freßkübel*« geheißen hätte, sondern erst irgend etwas Stimmungsvolles vorgegangen wäre. Bei anderen Leuten findet doch an solchem Tage, wie dem heutigen, auch etwas statt.

Hunger hatte

Geh. für: Erfreuliches

Ordinär für: Mund

JAKOB Was zum Beispiel?

MAC Das soll ich alles selber ausdenken? Ich verlange ja keine Oper hier. Aber irgend was, was nicht bloß in Fressen und Zotenreißen besteht, hättet ihr schließlich auch vorbereiten können. Na, ja, an solchem Tage zeigt es sich eben, wie man auf seine Freunde zählen kann.

POLLY Der Lachs ist wunderbar, Mac.

EDE Ja, einen solchen haben Sie noch nicht gefuttert. Das gibts bei Mackie Messer alle Tage. Da haben Sie sich richtig in den Honigtopf gesetzt. Ich habe immer gesagt: Mac ist mal eine Partie für ein Mädchen, das Sinn für Höheres hat. Das habe ich noch gestern zu Lucy gesagt.

POLLY Lucy? Wer ist Lucy, Mac?

JAKOB *(verlegen)* Lucy? Ach, wissen Sie, das dürfen Sie nicht so ernst nehmen.

MATTHIAS *(ist aufgestanden und macht hinter Polly große Armbewegungen, um Jakob zum Schweigen zu bringen).*

POLLY *(sieht ihn)* Fehlt Ihnen etwas? Vielleicht Salz ...? Was wollten Sie eben sagen, Herr Jakob?

JAKOB O, nichts, gar nichts. Ich wollte wirklich hauptsächlich gar nichts sagen. I wo, werd' mir hier mein Maul verbrennen.

MAC Was hast du da in der Hand, Jakob?

JAKOB Ein Messer, Captn.

MAC Und was hast du denn auf dem Teller?

JAKOB Eine Forelle, Captn.

MAC So, und mit dem Messer, nicht wahr, da ißt du die Forelle. Jakob, das ist unerhört, hast du so was schon gesehen, Polly? ⌜Ißt den Fisch mit dem Messer!⌝ Das ist doch einfach eine Sau, der so was macht, verstehst du mich, Jakob, da kannst du was lernen. Du wirst allerhand zu tun haben, Polly, bis du aus solchen Dreckhaufen Menschen gemacht hast. Wißt ihr denn überhaupt, was das ist: ein Mensch?

WALTER Der Mensch oder ⌜das Mensch⌝?

POLLY Pfui, Herr Walter!

MAC Also, ihr wollt kein Lied singen, nichts, was den Tag verschönt. Es soll wieder so ein trauriger, gewöhnlicher, verdammter Dreckstag sein, wie immer? Steht überhaupt einer vor der Tür? Das soll ich wohl auch selber besorgen? Soll ich mich an diesem Tage selber vor die Tür stellen, damit ihr euch hier auf meine Kosten vollstopfen könnt?

WALTER *(muffig)* Was heißt das: meine Kosten?

JIMMY Hör' doch auf, Wat! Ich gehe ja schon 'raus. Wer soll denn hierher schon kommen! *(Geht hinaus.)*

JAKOB Das wäre ulkig, wenn an einem solchen Tage alle Hochzeitsgäste hopps gingen!

großer Spaß MATTHIAS Ein Kapitalspaß* wäre das.

MAC Mir ist der Kapitalspaß genug.

Ugs. für:
Polizei JIMMY *(stürzt herein)* Hallo, Captn, Polente*!

WALTER Tigerbrown!

MATTHIAS Unsinn, das ist Hochwürden Kimball. *(Kimball kommt herein. Alle brüllen)* Guten Abend, Hochwürden.

KIMBALL Na, da hab' ich euch ja doch gefunden. Eine kleine Hütte ist es, in der ich euch finde. Aber eig'ner Grund und Boden.

MAC Des ⌜Herzogs von Devonshire⌝ –

POLLY Guten Tag, Hochwürden, ach, ich bin ganz glücklich, daß Hochwürden am schönsten Tag unseres Lebens –

(lat.) Gesang MAC Und jetzt bitte ich mir einen Cantus* für Hochwürden Kimball aus.

MATTHIAS Wie wäre es mit Bill Lawgen und Mary Syer?

JAKOB Doch Bill Lawgen, das wäre vielleicht passend.

KIMBALL Wäre hübsch, wenn ihr eins steigen ließt, Jungens!

MATTHIAS Fangen wir an, meine Herren.
   (Drei Mann rechts erheben sich und singen, zögernd,
   matt und unsicher.)

Nr. 5. HOCHZEITSLIED.

5   *(Ohne Begleitung.)*

   Bill Lawgen und Mary Syer
   Wurden letzten Mittwoch Mann und Frau,
   Hoch sollen sie leben, hoch, hoch, hoch!
   Als sie drin standen vor dem Standesamt,
10   Wußte er nicht, woher ihr Brautkleid stammt,
   Aber sie wußte seinen Namen nicht genau.
             Hoch!

   Wissen Sie, was Ihre Frau treibt? Nein!
   Lassen Sie Ihr Lüstlingsleben sein? Nein!
15   Hoch sollen sie leben, hoch, hoch, hoch!
   Billy Lawgen sagte neulich mir:
   Mir genügt ein kleiner Teil von ihr,
   Das Schwein.
             Hoch!

20 MAC Ist das alles? Kärglich!
   MATTHIAS *(verschluckt sich wieder)* Kärglich, das ist das
      richtige Wort, meine Herren, kärglich.
   MAC Halt die Fresse!
   MATTHIAS Na, ich meine nur, kein Schwung, kein Feuer
25   und so was –
   POLLY Meine Herren, wenn keiner etwas vortragen will,
      dann will ich selber eine Kleinigkeit zum Besten geben,
      und zwar werde ich ein Mädchen nachmachen, das ich
      einmal in einer dieser kleinen Vier-Penny-Kneipen in

Soho gesehen habe. Es war das Abwaschmädchen, und Sie müssen wissen, daß alles über sie lacht und daß sie dann die Gäste ansprach, und zu ihnen dann solche Dinge sagte, wie ich sie Ihnen gleich vorsingen werde. So, das ist die kleine Theke. Sie müssen sie sich ver- 5 dammt schmutzig vorstellen, hinter der sie stand mor- gens und abends. Das ist der Spüleimer und das ist der Lappen, mit dem sie die Gläser abwusch. Wo Sie sitzen, saßen die Herren, die über sie lachten. Sie können auch lachen, daß es genau so ist, aber wenn Sie nicht können, 10 dann brauchen Sie es nicht. *(Sie fängt an, scheinbar die Gläser abzuwaschen und vor sich hin zu brabbeln)* Jetzt sagt zum Beispiel einer von Ihnen ... *(auf Walter deu- tend)* Sie – – – Na, wann kommt denn dein Schiff, Jenny? 15

WALTER Na, wann kommt denn dein Schiff, Jenny?

POLLY Und ein anderer sagt, zum Beispiel Sie: Wäschst du immer noch die Gläser auf, du Jenny, die Seeräuber- braut?

MATTHIAS Wäschst du immer noch die Gläser auf, du 20 Jenny, die Seeräuberbraut?

POLLY So, und jetzt fange ich an.

(Songbeleuchtung: goldenes Licht. An einer Stange kommen von oben drei Lampen herunter und auf den Tafeln steht: Die Seeräuberjenny.) 25

Nr. 6. ⌜SEERÄUBER-JENNY⌝.

Meine Herren, heute sehen Sie mich Gläser abwaschen
Und ich mache das Bett für jeden.
Und Sie geben mir einen Penny und ich bedanke mich
                                  schnell, 30
Und Sie sehen meine Lumpen und dies lumpige Hotel
Und Sie wissen nicht, mit wem Sie reden.

Aber eines Abends wird ein Geschrei sein am Hafen
Und man fragt, was ist das für ein Geschrei?
Und man wird mich lächeln sehen bei meinen Gläsern,
Und man sagt, was lächelt die dabei?
5   Und ein Schiff mit acht Segeln
Und mit fünfzig Kanonen
Wird liegen am Kai.

Man sagt, geh', wisch' deine Gläser, mein Kind,
Und man reicht mir den Penny hin,
10 Und der Penny wird genommen
Und das Bett wird gemacht,
Es wird keiner mehr drin schlafen in dieser Nacht,
Und Sie wissen immer noch nicht, wer ich bin.

Aber eines Abends wird ein Getös' sein am Hafen
15 Und man fragt: Was ist das für ein Getös'?
Und man wird mich stehen sehen hinterm Fenster
Und man sagt: Was lächelt die so bös'?
Und das Schiff mit acht Segeln
Und mit fünfzig Kanonen
20 Wird beschießen die Stadt.

Und es werden kommen hundert gen Mittag an Land
Und werden in den Schatten treten,
Und fangen einen jeglichen aus jeglicher Tür
Und legen ihn in Ketten und bringen vor mir,
25 Und fragen, welchen sollen wir töten?

Und an diesem Mittag wird es still sein am Hafen,
Wenn man fragt: Wer wohl sterben muß.
Und dann werden Sie mich sagen hören: Alle!
Und wenn dann der Kopf fällt, sag' ich: Hoppla!
30 Und das Schiff mit acht Segeln
Und mit fünfzig Kanonen

Wird entschwinden mit mir ...
(Songbeleuchtung weg.)
(Schweigen, dann Klatschen und Lachen.)

MATTHIAS Sehr nett, ulkig, was? wie die das so hinlegt, die
gnädige Frau!

MAC Was heißt das, nett? Ist doch nicht nett, du Idiot! Das
ist doch Kunst und nicht nett. Das hast du großartig
gemacht, Polly. Aber vor solchen Dreckhaufen ... Entschuldigen Sie, Hochwürden – – – hat das ja gar keinen
Zweck. *(Leise zu Polly)* Übrigens, ich mag das gar nicht
bei dir, diese Verstellerei, laß das gefälligst in Zukunft.
*(Am Tisch entsteht ein Gelächter. Die Bande macht sich
über den Pfarrer lustig.)* Was haben Sie denn in Ihrer
Hand, Hochwürden?

JAKOB Zwei Messer, Captn.

MAC Was haben Sie denn auf dem Teller, Hochwürden?

KIMBALL Lachs, denke ich.

MAC So, und mit dem Messer, nicht wahr, da essen Sie den
Lachs.

JAKOB Habt ihr so was schon geseh'n, frißt den Fisch mit
dem Messer, wer so was macht, das ist doch einfach
eine –

MAC Sau? Verstehst du mich, Jakob? Kannst du was lernen.

JIMMY *(hereinstürzend)* Hallo, Captn. Polente. Der Sheriff selber.

WALTER Brown, Tigerbrown!

MAC Ja, Tigerbrown, ganz richtig. Dieser Tigerbrown ist
es, Londons oberster Sheriff ist es, der Pfeiler von ⌐Old
Bailey⌐, der jetzt hier hereintreten wird in Captn Macheaths armselige Hütte. Könnt ihr was lernen!
(Die Banditen verstecken sich.)

JAKOB Das ist dann eben der Galgen!
(Brown tritt auf.)

MAC Hallo, Jackie!

BROWN Hallo, Mac! Ich hab' nicht viel Zeit, ich muß gleich wieder gehen. Muß das ausgerechnet ein fremder Pferdestall sein. Das ist doch wieder Einbruch –

5 MAC Aber Jackie, er liegt so bequem, freue mich, daß du gekommen bist, deines alten Macs Hochzeitsfeier mitzumachen. Da stelle ich dir gleich meine Gattin vor, geborene Peachum. Polly, das ist Tigerbrown. Was, alter Junge *(klopft ihn auf den Rücken)* und das sind meine

10 Freunde, Jackie, die dürftest du alle schon einmal gesehen haben.

BROWN *(gequält)* Ich bin doch privat hier, Mac.

MAC Sie auch, sie auch. Hallo, Jakob! *(Auf Aufruf kommen die Banditen nacheinander zum Vorschein.)*

15 BROWN Das ist Hakenfinger-Jakob, das ist ein großes Schwein.

MAC Hallo, Jimmy, hallo, Robert, hallo, Walter!

BROWN Na, für heute Schwamm drüber.

MAC Hallo, Ede, hallo, Matthias!

20 BROWN Setzen Sie sich, meine Herren, setzen Sie sich!

ALLE Besten Dank, Herr.

BROWN Freue mich, die charmante Gattin meines alten Freundes Mac kennenzulernen.

POLLY *(die sich nach ihrem Song rechts vorn auf den Stuhl*

25 *gesetzt hat, verwirrt)* Keine Ursache, Herr, keine Ursache.

MAC Setz' dich, alte Schaluppe und segel mal hinein in den Whisky! – Meine Polly, meine Herren! Sie sehen heute in Ihrer Mitte einen Mann, den der unerforschliche Rat-

30 schluß des Königs hoch über seine Mitmenschen gesetzt hat und der doch mein Freund geblieben ist in allen Stürmen und Fährnissen* und so weiter. Sie wissen, wen ich meine, und du weißt ja auch, wen ich meine, Brown. Ach, Jackie, erinnerst du dich, ⌜wie wir, du als Soldat

35 und ich als Soldat, bei der Armee in Indien dienten⌝?

Geh. für: Gefahren

Ach, Jackie, singen wir gleich das Kanonenlied! *(Sie set-*
zen sich beide auf den Tisch.)
(Songbeleuchtung. Auf den Tafeln: »Das Kanonen-
lied«.)
(Gesungen von Macheath und Brown.)   5

Nr. 7. ⌜Kanonen-Song⌝.

John war darunter und Jim war dabei
Und Georgie ist Sergeant* geworden,
Doch, die Armee, sie fragt keinen, wer er sei
Und marschierte hinauf nach dem Norden.   10

Soldaten wohnen
Auf den Kanonen
⌜Von Cap bis Couch-Behar⌝,
Wenn es mal regnete
Und es begegnete   15
Ihnen 'ne neue Rasse,
'ne braune oder blasse,
Da machen sie vielleicht daraus ihr ⌜Beafsteak Tartar⌝.

Johnny war der Whisky zu warm
Und Jimmy hatte nie genug Decken,   20
Aber Georgie nahm beide beim Arm
Und sagte: Die Armee kann nicht verrecken.

Soldaten wohnen
Auf den Kanonen usw.

John ist gestorben und Jim ist tot,   25
Und Georgie ist vermißt und verdorben,
Aber Blut ist immer noch rot,
Und für die Armee wird jetzt wieder geworben!

*Unteroffiziers-
dienstgrad*

(Indem sie sitzend mit den Füßen marschieren)

Soldaten wohnen
Auf den Kanonen usw.

MAC Obwohl das Leben uns, die Jugendfreunde, mit seinen reißenden Fluten weit auseinandergerissen hat, obwohl unsere Berufsinteressen ganz verschieden, ja, einige würden sogar sagen, geradezu entgegengesetzt
sind, hat unsere Freundschaft alles überdauert. Da
könntet ihr was lernen! ⌈Kastor und Pollux⌉, ⌈Hektor
und Andromache⌉ und so weiter. Selten habe ich, der
einfache Straßenräuber, na, ihr wißt ja, wie ich es meine,
einen kleinen Fischzug getan, ohne ihm, meinem
Freund, einen Teil davon – einen beträchtlichen Teil –
Brown, als Angebinde* und Beweis, meiner unwandel-
baren Treue zu beweisen und selten hat – nimm das Messer aus dem Maul – er, der allmächtige Polizeichef, eine
Razzia veranstaltet, ohne vorher mir, seinem Jugend-
freund, einen kleinen Fingerzeig zukommen zu lassen.
Na, und so weiter, ist ja schließlich Gegenseitigkeit. Da
könnt ihr was lernen. *(Er nimmt Brown unterm Arm
nach vorn links)* Na, alter Jackie, freut mich, daß du
gekommen bist, ist wirkliche Freundschaft. *(Pause, da
Brown einen Teppich kummervoll betrachtet.)* Echter
⌈Schiras⌉.

BROWN Von der Orientteppich Company.

MAC Ja, da holen wir alles. Um einen Bettvorleger werden
sie sich nicht gleich ein Bein ausreißen. Haben ja tausende davon. Weißt du, ich mußte dich heute dabei haben, Jackie, hoffentlich ist es nicht zu unangenehm für
dich in deiner Stellung.

BROWN Du weißt doch, Mac, daß ich dir nichts abschla-
gen kann. Ich muß gehen, ich habe den Kopf wirklich so
voll, wenn bei der Krönung der Königin nur das geringste passiert –

Geh. für: Geschenk

MAC Du, Jackie, weißt du, mein Schwiegervater ist ein ekelhaftes altes Roß. Wenn er da irgend einen Stunk gegen mich zu machen versucht, liegt da in ⌐Scotland Yard⌐ etwas gegen mich vor?

BROWN In Scotland Yard liegt nicht das geringste gegen dich vor.

MAC Selbstverständlich.

BROWN Das habe ich doch alles erledigt. Gute Nacht.

MAC Wollt ihr nicht aufstehen?

BROWN *(zu Polly)* Alles Gute! *(Geht ab, von Mac begleitet.)*

JAKOB *(der mit Matthias und Walter währenddem mit Polly konferiert hatte)* Ich muß gestehen, ich konnte vorhin gewisse Befürchtungen nicht unterdrücken, als ich hörte, Tigerbrown kommt.

MATTHIAS Quatsch, wissen Sie, gnädige Frau, wir haben da so Beziehungen zu den Spitzen der Behörden.

WALTER Ja, Mac hat da immer noch ein Eisen im Feuer, von dem unsereiner gar nichts ahnt. Aber wir haben ja auch unser kleines Eisen im Feuer. Meine Herren, es ist halb zehn.

MATTHIAS Und jetzt kommt das Größte. *(Alle nach hinten links, hinter den Teppich, der etwas verbirgt.)*
(Auftritt Mac)

MAC Na, was ist los?

MATTHIAS Captn, noch eine kleine Überraschung.

Nr. 5. HOCHZEITSLIED.

(Mit Begleitung.)

(Singen hinter dem Teppich das Lied von Bill Lawgen, ganz stimmungsvoll und leise. Aber bei »Namen nicht genau« reißt Matthias den Teppich herunter und alle singen gröhlend weiter, aufs Bett klopfend, das dahintersteht.)

MAC Ich danke euch, Kameraden, ich danke euch.
WALTER Na, und nun der unauffällige Aufbruch.
(Alle ab.)

Mac und Polly.

Nr. 8. LIEBESLIED.

MAC Siehst du den Mond über Soho?
POLLY Ich sehe ihn Lieber,
    Fühlst du mein Herz schlagen, Geliebter?
MAC Ich fühle es, Geliebte.
POLLY ⌈Wo du hingehst, da will ich auch hingehen.
MAC Und wo du bleibst, da will ich auch sein⌉.
BEIDE Und gibt's auch kein Schriftstück vom
                        Standesamt.
    Und keine Blumen auf dem Altar,
    Und weiß ich auch nicht, woher dein Brautkleid
                        stammt,
    Und ist keine ⌈Myrthe⌉ im Haar,
    Der Teller, von welchem du ißt dein Brot,
    Schau' ihn nicht lange an, wirf ihn fort.
    Die Liebe dauert oder dauert nicht
    An dem oder jenem Ort.

(Kleiner Vorhang zu.)

*(Zwischenaktmusik: Wiederholung von Nr. 7 für
Orchester.)*

3. Bild

Titel: »Für Peachum, der die Härte der Welt kennt, bedeutet der Verlust seiner Tochter dasselbe wie vollkommener Ruin«.

Peachums Bettlergarderoben. 5

(Unter der Türe links Polly in Mantel und Hut, ihre Reisetasche aus dem zweiten Bild in der Hand. Rechts Peachum und Frau Peachum.)

FRAU PEACHUM Geheiratet? Erst behängt man sie hinten und vorn mit Kleidern und Hüten und Handschuhen 10 und Sonnenschirmen, und wenn sie soviel gekostet hat wie ein Segelschiff, dann wirft sie sich selber auf den Mist wie eine faule Gurke. Hast du wirklich geheiratet?

(Song-Beleuchtung. Auf den Tafeln erscheint: Durch ein 15 *kleines Lied deutet Polly ihren Eltern ihre Verheiratung mit dem Räuber Macheath an.)*

Nr. 9. ⌈BARBARA-SONG⌉.

POLLY *(singt):*

    Einst glaubte ich, als ich noch unschuldig war, 20
    Und das war ich einst grad so wie du –
    Vielleicht kommt auch zu mir einmal einer,
    Und dann muß ich wissen, was ich tu'.
    Und wenn er Geld hatte,
    Und wenn er nett war, 25
    Und sein Kragen war auch werktags rein,
    Und wenn er wußte, was
    Sich bei einer Dame schickt,
    Dann sagte ich ihm »Nein«.
    Da behält man seinen Kopf oben 30

Und man bleibt ganz allgemein.
Sicher schien der Mond die ganze Nacht,
Sicher wird das Boot am Ufer festgemacht,
Aber weiter kann nichts sein.
5   Ja, da kann man sich doch nicht nur hinlegen,
Ja, da muß man kalt und herzlos sein.
Ja, da könnte so viel geschehen,
Ach, da gibt's überhaupt nur: Nein.

Der erste, der kam, war ein Mann aus Kent,
10   Der war, wie ein Mann sein soll.
Der zweite hatte drei Schiffe im Hafen,
Und der dritte war nach mir toll.
Und als sie Geld hatten,
Und als sie nett waren,
15   Und ihr Kragen war auch werktags rein,
Und als sie wußten, was
Sich bei einer Dame schickt,
Da sagte ich ihnen: »Nein«.
Da behielt ich meinen Kopf oben,
20   Und ich blieb ganz allgemein.
Sicher schien der Mond die ganze Nacht,
Sicher war das Boot am Ufer festgemacht,
Aber weiter konnte nichts sein.
Ja, da kann man sich doch nicht nur hinlegen,
25   Ja, da mußt' ich kalt und herzlos sein.
Ja, da könnte doch viel geschehen,
Aber da gibt's überhaupt nur: Nein.

Jedoch eines Tags, und der Tag war blau,
Kam einer, der mich nicht bat,
30   Und er hängte seinen Hut an den Nagel in meiner
                                        Kammer,
Und ich wußte nicht, was ich tat.
Und als er kein Geld hatte,

Und als er nicht nett war,
Und sein Kragen war auch am Sonntag nicht rein,
Und als er nicht wußte, was
Sich bei einer Dame schickt,
Zu ihm sagte ich nicht »Nein«.   5
Da behielt ich meinen Kopf nicht oben,
Und ich blieb nicht allgemein.
Ach, es schien der Mond die ganze Nacht,
Und es ward das Boot am Ufer losgemacht,
Und es konnte gar nicht anders sein ...   10
Ja, da muß man sich doch einfach hinlegen,
Ja, da kann man doch nicht kalt und herzlos sein.
Ach, da mußte so viel geschehen,
Ja, da gab's überhaupt kein Nein.

PEACHUM So, eine Verbrecherschlampe ist sie geworden.   15
Das ist schön. Das ist angenehm.

FRAU PEACHUM Wenn du schon so unmoralisch bist, überhaupt zu heiraten, mußte es ausgerechnet ein Pferdedieb
und Wegelagerer sein? Das wird dir noch teuer zu stehen
kommen! Ich hätte es ja kommen sehen müssen. Schon   20
als Kind hatte sie einen Kopf auf wie die Königin von
England.

PEACHUM Also, sie hat wirklich geheiratet!

FRAU PEACHUM Ja, gestern abend um 5 Uhr.

(lat.) offen-
kundigen,
allbekannten
PEACHUM Einen notorischen* Verbrecher. Wenn ich es mir   25
überlege, ist es eine Frechheit von diesem Menschen.
Wenn ich meine Tochter, die die letzte Hilfsquelle ...

POLLY Hilfsquelle ...

PEACHUM ... meines Alters ist, wegschenke, dann stürzt
mein Haus ein und mein letzter Hund läuft weg.   30

POLLY (mault) Letzter Hund ...

PEACHUM Ich würde mich nicht getrauen, das Schwarze
unter dem Nagel wegzuschenken, ohne den direkten
Hungertod ...

POLLY Hungertod ...

PEACHUM ... herauszufordern. Ja, wenn wir alle drei mit
einem Scheit Holz durch den Winter kämen, könnten
wir vielleicht das nächste Jahr noch sehen. Vielleicht.

5 FRAU PEACHUM Ja, was denkst du dir eigentlich. Das ist
der Lohn für alles, Jonathan. Ich werde verrückt. In meinem Kopf schwimmt alles. Ich kann mich nicht mehr
halten. Oh, – *(Sie wird ohnmächtig.)* Ein Glas ⌜Cordial
Medoc⌝.

10 PEACHUM Da siehst du, wohin du deine Mutter gebracht
hast. Schnell! Also eine Verbrecherschlampe, das ist
schön, das ist angenehm. Interessant, wie sich die arme
Frau das zu Herzen genommen hat. *(Polly kommt mit
einer Flasche Cordial Medoc.)* Dies ist der einzige Trost,
15 der deiner armen Mutter bleibt.

POLLY Gib ihr nur ruhig zwei Glas. Meine Mutter ver-
trägt das ⌜doppelte Quantum⌝, wenn sie nicht ganz bei
sich ist. Das bringt sie wieder auf die Beine. *(Sie hat
während der ganzen Szene ein sehr glückliches Ausse-
20 hen.)*

FRAU PEACHUM *(erwacht)* Oh, jetzt zeigt sie wieder diese
falsche Anteilnahme der Fürsorge!
Bettler tritt auf.

BETTLER Ich muß mir ganz energisch beschweren, indem
25 das ein Saustall ist, indem es überhaupt ⌜kein richtiger
Stumpf ist, sondern eine Stümperei⌝, wofür ich nicht
mein Geld hinausschmeiße.

PEACHUM Was willst du, das ist ein ebenso guter Stumpf
wie alle anderen.

30 BETTLER So, und warum verdiene ich nicht ebensoviel, wie
alle anderen? Ne, das könne Sie mit mir nich machen.
(Schmeißt den Stumpf hin) Da kann ich mir ja mein richtiges Bein abhacken, wenn ich so einen Schund wie –

PEACHUM Ja, was wollt ihr denn eigentlich? Was kann
35 denn ich dafür, daß die Leute ⌜ein Herz haben wie Kie-

selstein⌉. Ich kann euch doch nicht fünf Stümpfe machen! Ich mache aus jedem Mann in fünf Minuten ein so
bejammernswertes Wrack, daß ein Hund weinen würde,
wenn er ihn sieht. Was kann ich dafür, wenn ein Mensch
nicht weint! Da hast du noch einen Stumpf, wenn dir der   5
eine nicht ausreicht.

BETTLER Ist schon gut, Herr Peachum, damit wird es
schon gehen, wollte nicht zudringlich werden. *(Ab.)*

PEACHUM Also, das ist alles ganz einfach. Du bist verheiratet. Was macht man, wenn man verheiratet ist? Nur   10
nicht denken. Na. Man läßt sich scheiden, nicht wahr!
Ist das so schwer herauszubringen?

POLLY Ich weiß nicht, was du meinst.

FRAU PEACHUM Scheidung.

POLLY Aber, ich liebe ihn doch, wie kann ich da an Schei-   15
dung denken –

FRAU PEACHUM Sag' mal, genierst du dich gar nicht?

POLLY Mutter, wenn du je geliebt hast – – –

FRAU PEACHUM Geliebt! Diese verdammten Bücher, die
du gelesen hast, die haben dir den Kopf verdreht. Polly,   20
das machen doch alle so!

POLLY Dann mach' ich eben eine Ausnahme.

FRAU PEACHUM Dann werde ich dir deinen Hintern ver-
sohlen, du Ausnahme.

POLLY Ja, das machen alle Mütter, aber das hilft nichts.   25
Weil die Liebe größer ist, als wenn der Hintern versohlt
wird.

FRAU PEACHUM Polly, ⌈schlag' dem Faß nicht den Boden
aus.⌉

POLLY Meine Liebe laß ich mir nicht rauben.   30

FRAU PEACHUM Noch ein Wort und du kriegst eine Ohrfeige.

POLLY Die Liebe ist aber doch das Höchste auf der Welt.

FRAU PEACHUM Der Kerl, der hat ja überhaupt mehrere
Weiber. Wenn der mal gehängt wird, meldet sich wirk-   35

lich ein halbes Dutzend Weibsbilder als Witwen und
jede womöglich noch mit einem Balg* auf dem Arm.   Derb für: Kind
Ach, Jonathan.

PEACHUM Gehängt, wie kommst du auf gehängt, das ist
5   eine gute Idee. Geh' 'mal 'raus, Polly. *(Polly ab.)* So, ich
hab's, das gibt ⌜vierzig Pfund⌝.

FRAU PEACHUM Ich versteh' dich. Beim Sheriff anzeigen.

PEACHUM Selbstverständlich. Und außerdem wird er uns
dann umsonst gehängt ... Das sind zwei Fliegen mit ei-
10   nem Schlag. Nur, wir müssen wissen, wo er überhaupt
steckt.

FRAU PEACHUM Ich werde dir genau sagen, mein Lieber,
bei seinen ⌜Menschern⌝ steckt er.

PEACHUM Aber die werden ihn doch nicht angeben.

15   FRAU PEACHUM Das laß mich nur machen. ⌜Geld regiert
die Welt⌝. Ich gehe sofort nach ⌜Turnbridge⌝ und spreche
mit den Mädchen. Wenn dieser Herr von jetzt ab in zwei
Stunden sich auch nur mit einer einzigen trifft, ist er
geliefert.

20   POLLY Liebe Mama, den Weg kannst du dir ersparen. Ehe
Mac mit einer solchen Dame zusammentrifft, wird er
selber in die Kerker von Old Bailey gehen. Aber selbst
wenn er nach Old Bailey ginge, würde ihm der Sheriff
einen Cocktail anbieten und bei einer Zigarre mit ihm
25   über ein gewisses Geschäft in dieser Straße plaudern, wo
auch nicht alles mit rechten Dingen zugeht. Denn, lieber
Papa, dieser Sheriff war sehr lustig auf meiner Hochzeit.

PEACHUM Wie heißt der Sheriff?

30   POLLY Brown heißt er. Aber du wirst ihn nur unter Tigerbrown kennen. Denn alle, die ihn zu fürchten haben,
nennen ihn Tigerbrown. Aber mein Mann, siehst du,
sagt Jackie zu ihm. Denn für ihn ist er einfach sein lieber
Jackie. Sie sind Jugendfreunde.

PEACHUM So, so, das sind Freunde. Der Sheriff und der oberste Verbrecher, na, das sind wohl die einzigen Freunde in dieser Stadt.

POLLY *(poetisch)* So oft sie einen Cocktail zusammen tranken, streichelten sie einander die Wangen und sagten: ⌐»Wenn du noch einen kippst, will ich auch noch einen kippen«⌐. Und so oft einer hinausging, wurden dem anderen die Augen feucht und er sagte: ⌐»Wenn du wohin gehst, will ich auch wohin gehen«⌐. Gegen Mac liegt in Scotland Yard gar nichts vor.

PEACHUM So, so. Von Dienstag abend bis Donnerstag früh hat Herr Macheath meine Tochter Polly Peachum unter dem Vorwand der Verehelichung aus dem elterlichen Hause gelockt. Bevor die Woche herum ist, wird man ihn aus diesem Grunde an den Galgen führen, den er verdient hat.

FRAU PEACHUM Ach, Jonathan, das wird dir nicht gelingen, denn es handelt sich um Mackie Messer, den man den größten Verbrecher Londons nennt. Der nimmt, was er will.

PEACHUM Wer ist Mackie Messer?! Mach dich fertig, wir gehen zu dem Sheriff von London. Und du gehst nach Turnbridge.

FRAU PEACHUM Zu seinen Huren.

PEACHUM Denn die Gemeinheit der Welt ist groß und man muß sich die Beine ablaufen, damit sie einem nicht gestohlen werden.

POLLY Ich, Papa, werde Herrn Brown sehr gern wieder die Hand schütteln.

(Alle drei treten nach vorne und singen bei S o n g b e - l e u c h t u n g das 1. Finale.)

(Auf den Tafeln steht: 1. D r e i g r o s c h e n f i n a l e : Über die Unsicherheit menschlicher Verhältnisse.)

Nr. 10. Erstes Dreigroschen-Finale.

Polly, Peachum, Frau Peachum.

POLLY Was ich möchte, ist es viel?
    Einmal in dem tristen Leben
5   Einem Mann mich hinzugeben.
    Ist das ein zu hohes Ziel?
PEACHUM *(mit der Bibel in den Händen)*
    Das Recht des Menschen ist auf dieser Erden,
    Da er doch nur kurz lebt, glücklich zu sein,
10   Teilhaftig aller Lust der Welt zu werden,
    ⌜Zum Essen Brot zu kriegen und nicht einen Stein⌝.
    Das ist des Menschen nacktes Recht auf Erden.

    Doch leider hat man bisher nicht vernommen,
    Daß etwas recht war und dann war's auch so.
15   Wer hätte nicht gern einmal Recht bekommen,
    Doch die Verhältnisse, sie sind nicht so.
FRAU PEACHUM Wie gerne wäre ich zu dir gut,
    Alles möchte ich dir geben,
    Daß du etwas hast vom Leben,
20   Weil man das doch gerne tut.
PEACHUM Ein guter Mensch sein,
    Ja, wer wär's nicht gern?
    Sein Gut den Armen geben, warum nicht?
    Wenn alle gut sind, ist S e i n Reich* nicht fern,   Gottes Reich
25   Wer säße nicht sehr gern in Seinem Licht?
    Ein guter Mensch sein? Ja, wer wär's nicht gern?
    Doch leider sind auf diesem Sterne eben
    Die Mittel kärglich und die Menschen roh.
    Wer möchte nicht in Fried' und Eintracht leben?
30   Doch die Verhältnisse, sie sind nicht so!
POLLY und FRAU PEACHUM *(in einem albernen Step)*
    Da hat er eben leider recht.
    Die Welt ist arm, der Mensch ist schlecht.

PEACHUM Natürlich hab' ich leider recht,
Die Welt ist arm, der Mensch ist schlecht.
Wer wollt auf Erden nicht ein Paradies?
Doch die Verhältnisse, gestatten sie's?
Nein, sie gestatten's eben nicht. 5
Dein Bruder, der doch an dir hangt,
Wenn halt für zwei das Fleisch nicht langt,
Tritt er dir eben ins Gesicht.
Ja, dankbar sein, wer wollt' es nicht?
Und deine Frau, die an dir hangt, 10
Wenn deine Liebe ihr nicht langt,
Tritt sie dir eben ins Gesicht.
Ja, dankbar sein, wer wollt' es nicht?
Und doch, dein Kind, das an dir hangt,
Wenn dir das Abendbrot nicht langt, 15
Tritt es dir eben ins Gesicht.
Und dankbar sein, wer wollt' es nicht?
POLLY und FRAU PEACHUM Ja, das ist eben schade,
Das ist das riesig Fade.
Die Welt ist arm, der Mensch ist schlecht, 20
Da hat er eben leider recht.
PEACHUM Natürlich habe ich leider recht,
Die Welt ist arm, der Mensch ist schlecht.
Wir wären gut – anstatt so roh,
Doch die Verhältnisse, sie sind nicht so. 25
ALLE DREI Ja, dann ist's freilich nichts damit,
Dann ist das eben alles Kitt*!
PEACHUM Die Welt ist arm, der Mensch ist schlecht,
Da hab' ich eben leider recht!
ALLE DREI Und das ist eben schade, 30
Das ist das riesig Fade.
Und darum ist es nichts damit,
Und darum ist das alles Kitt.

Ugs. für: Zeug, Kram

(Kleiner Vorhang zu.)

Zweiter Akt

4. Bild

Titel: »Donnerstag nachmittag: Mackie Messer nimmt Abschied von seiner Frau, um vor seinem Schwiegervater auf das Moor von Highgate* zu fliehen«.

Nordwestl. Stadtteil Londons

Der Pferdestall wie im 2. Bild.

POLLY *(kommt herein)* Mac! Mac! Erschrick nicht.

MAC *(liegt auf dem Bett)* Na, was ist los, wie siehst du aus, Polly?

POLLY Ich bin bei Brown gewesen, und mein Vater ist auch dort gewesen und sie haben ausgemacht, daß sie dich fassen wollen, mein Vater hat mit etwas Furchtbarem gedroht und Brown hat zu dir gehalten, aber dann ist er zusammengebrochen und jetzt meint er auch, du solltest schleunigst für einige Zeit unsichtbar werden, Mac. Du mußt gleich packen.

MAC Ach, Unsinn, packen. Komm her, Polly. Ich will jetzt etwas ganz anderes mit dir machen als packen.

POLLY Nein, Mac, das dürfen wir jetzt nicht. Ich bin so erschrocken. Es war immerfort vom Hängen die Rede.

MAC Ich mag das nicht, Polly, wenn du launisch bist. Gegen mich liegt in Scotland Yard gar nichts vor.

POLLY Ja, gestern vielleicht nicht, aber heute liegt plötzlich ungeheuer viel vor. Du hast – ich hab' die Anklageakten mitgebracht – ich weiß gar nicht, ob ich es noch zusammenkriege, es ist eine Liste, die überhaupt nicht aufhört. Du hast zwei Kaufleute umgebracht, über dreißig Einbrüche, dreiundzwanzig Straßenüberfälle, Brandlegungen, vorsätzliche Morde, Fälschungen, Meineide, alles in eineinhalb Jahren. Du bist ein schrecklicher Mensch.

Südengl. Stadt

Und in Winchester* hast du zwei minderjährige Schwestern verführt.

MAC Mir haben sie gesagt, sie seien über zwanzig. Was sagte Brown? 5

(Mac steht langsam auf und geht pfeifend nach rechts, an der Rampe entlang.)

POLLY Er faßte mich noch im Flur und sagte, jetzt könne er nichts mehr für dich machen. Ach, Mac. *(Sich an seinen Hals werfend.)* 10

MAC Also gut, wenn ich weg muß, dann mußt du die Leitung des Geschäfts übernehmen.

POLLY Rede jetzt nicht von Geschäften, Mac, ich kann es nicht hören, küsse deine arme Polly noch einmal und schwöre ihr, daß du sie nie, nie – – – *(Mac bricht jäh ab* 15 *und führt sie an den Tisch, wo er sie auf einen Stuhl niederdrückt.)*

MAC Das sind die Bücher. Hör gut zu. Da ist die Liste des Personals. *(Liest.)* Also, da ist Hakenfingerjakob, eineinhalb Jahre im Geschäft, wollen mal sehen, was er 20 gebracht hat. Ein, zwei, drei, vier, fünf goldene Uhren, viel ist es nicht, aber es ist saubere Arbeit. Setz' dich nicht auf meinen Schoß, ich bin jetzt nicht in Stimmung. Da ist Trauerweidenwalter, ein unzuverlässiger Hund.

Ugs. für: unter Wert verkauft

Verkitscht* Zeug auf eigene Faust. Drei Wochen Galgen- 25

Ugs. für: letzte Frist

frist*, dann ab. Du meldest ihn einfach bei Brown.

POLLY *(schluchzend)* Ich melde ihn einfach bei Brown.

MAC Jimmy II, ein unverschämter Kunde, einträglich, aber unverschämt. Räumt Damen der besten Gesellschaft das Bettuch unter dem Hintern weg. Gib ihm Vor- 30 schuß.

POLLY Ich geb' ihm Vorschuß.

MAC Sägerobert, Kleinigkeitskrämer, ohne eine Spur von Genie, kommt nicht an den Galgen, hinterläßt auch nichts. 35

POLLY Hinterläßt auch nichts.

MAC Im übrigen machst du es genau wie bisher, stehst um sieben Uhr auf, wäschst dich, badest einmal und so weiter. Warum schreibst du nicht?

5 POLLY Mac, ich kann jetzt nicht. Ich sehe immer deinen Mund an und dann höre ich nicht, was du sprichst. Wirst du mir auch treu sein, Mac?

MAC Selbstverständlich werde ich dir treu sein, ich werde doch nicht Gleiches mit Gleichem vergelten. Meinst du,
10 ich liebe dich nicht? Ich sehe nur weiter als du.

POLLY Ich bin dir so dankbar, Mac. Du sorgst für mich und die anderen sind hinter dir her wie die Bluthunde ... *(Wie er hört »Bluthunde«, erstarrt er, steht auf, geht nach rechts, wirft Rock ab, wäscht die*
15 *Hände.)*

MAC *(hastig)* Das machst du nur so lange, bis ich dir schreibe. In höchstens zwei Wochen muß das Geld herausgenommen sein aus diesem Geschäft, dann gehst du zu Brown und lieferst der Polizei die Liste ab. In höch-
20 stens vier Wochen ist dieser ganze Abschaum der Menschheit in den Kerkern von Old Bailey verschwunden.

POLLY Aber, Mac! Kannst du ihnen denn in die Augen schauen, wenn du sie durchgestrichen hast und sie so gut
25 wie gehängt sind? Kannst du ihnen dann noch die Hand drücken?

MAC Wem? Sägerobert, Münzmatthias, Hakenfingerjakob?

(Auftritt der Platte.)

30 MAC Meine Herren, ich freue mich, Sie zu sehen.

POLLY Guten Tag, meine Herren.

MATTHIAS Captn, ich habe die Liste mit den Krönungsfeierlichkeiten jetzt bekommen. Ich darf wohl sagen, wir haben Tage schwerster Arbeit vor uns. In einer halben
35 Stunde trifft der Erzbischof von Canterbury ein.

MAC Wann?

MATTHIAS Fünf Uhr dreißig. Sie müssen sofort los, Captn.

MAC Ja, Ihr müßt sofort weg.

ROBERT Was heißt: ihr?

MAC Ja, was mich betrifft, so bin ich leider gezwungen, eine kleine Reise anzutreten.

ROBERT Um Gottes willen, will man Sie hops nehmen*?

MATTHIAS Und das ausgerechnet, wo die Krönung bevorsteht! Die Krönung ohne Sie ist wie ein Brei ohne Löffel.

MAC Halt die Fresse! Zu diesem Zweck übergebe ich für kurze Zeit meiner Frau die Leitung des Geschäfts. Polly! *(Er schiebt sie vor und geht selber nach hinten, sie von dort aus beobachtend.)*

POLLY Jungens, ich denke, unser Captn kann da ganz ruhig abreisen. Wir werden das Ding schon schmeissen. Erstklassig, was, Jungens?

MATTHIAS Ja, ich habe ja nichts zu sagen. Aber ich weiß nicht, ob da eine Frau in einer solchen Zeit – das ist nicht gegen Sie gerichtet, gnädige Frau.

MAC *(von hinten)* Was sagst du dazu, Polly?

POLLY Du Sauhund, du fängst ja gut an. *(Schreit.)* Natürlich ist das nicht gegen mich gerichtet, sonst würden diese Herren hier dir schon längst deine Hosen ausgezogen und deinen Hintern versohlt haben, nicht wahr, meine Herren?
(Kleine Pause, dann klatschen alle wie besessen.)

JACOB Ja, da ist schon was dran, das kannst du ihr glauben.

WALTER Bravo, die Frau Captn weiß das rechte Wort zu finden! Hoch Polly!

ALLE Hoch Polly!

MAC Das Ekelhafte daran ist, daß ich dann zur Krönung nicht da sein kann: Das ist hundertprozentiges Geschäft.

Ugs. für: verhaften

Am Tage alle Wohnungen leer und nachts die ganze Hautevolée* besoffen.

ROBERT Gnädige Frau, befehlen Sie über uns, während Ihr Herr Gemahl verreist ist, jeden Donnerstag Abrechnung, gnädige Frau.

5 POLLY Jeden Donnnerstag, Jungens.

(Die Platte ab.)

MAC Und jetzt adieu, mein Herz, halte dich frisch und vergiß nicht, dich jeden Tag zu schminken, genau so, als 10 wenn ich da wäre. Das ist sehr wichtig, Polly.

POLLY Und du, Mac, versprichst mir, daß du keine Frau mehr ansehen willst, und gleich wegreisest. Glaube mir, daß deine kleine Polly das nicht aus Eifersucht sagt, sondern das ist sehr wichtig, Mac.

15 MAC Aber Polly, warum sollte ich mich um solche ausgelaufene Eimer kümmern. Ich liebe doch nur dich. Wenn die Dämmerung stark genug ist, werde ich meinen Rappen aus irgend einem Stall holen und bevor du den Mond von deinem Fenster aus siehst, bin ich schon hin20 ter dem Moor Highgate.

(franz.)
Vornehme
Gesellschaft
des 19. Jh.s

Nr. 11a. ⌜MELODRAM⌝.

POLLY Ach, Mac, reiß mir nicht das Herz aus dem Leibe. Bleibe bei mir und laß uns glücklich sein.

MAC Ich muß mir ja selber das Herz aus dem Leibe reißen, 25 denn ich muß fort, und niemand weiß, wann ich wiederkehre.

POLLY Es hat so kurz gedauert, Mac.

MAC Hört es denn auf?

POLLY Ach, gestern hatte ich einen Traum. Da sah ich aus 30 dem Fenster und hörte ein Gelächter in der Gasse und wie ich hinaus sah, sah ich unseren Mond und der Mond war ganz ⌜dünn, wie ein Penny⌝, der schon abgegriffen ist. Vergiß mich nicht, Mac, in den fremden Städten.

MAC Sicher vergesse ich dich nicht, Polly. Küß mich, Polly.

POLLY Adieu, Mac.

MAC Adieu, Polly. *(Ab, singt hinter der Szene):*
Die Liebe dauert oder dauert nicht   5
An dem oder jenem Ort.

POLLY *(allein)* Und er kommt doch nicht wieder.
(Die Glocken fangen an zu läuten.)
Jetzt zieht die Königin in dieses London ein,
Wo werden wir am Tag der Krönung sein!   10

(Zwischenaktmusik: Nr. 8 für Orchester.)

(Kleiner Vorhang zu.)

5. Bild

*Titel: »Die Krönungsglocken waren noch nicht verklungen
und Mackie Messer saß bei den Huren von Turnbridge. Die*   15
Huren verraten ihn. Es ist Donnerstag abend«.

*Hurenhaus in Turnbridge. Gewöhnlicher Nachmittag: die
Huren, meist im Hemd, bügeln Wäsche, spielen Mühle,
waschen sich: ein bürgerliches Idyll. Hakenfingerjakob
liest die Zeitung, ohne daß sich jemand um ihn kümmert.*   20
Er sitzt eher im Weg.

Glocken,
auf die Töne   *(Glocken in fis und g*.)*
fis und g
gestimmt   JAKOB *(Pause)* Heut' kommt er nicht.

HURE So?

JAKOB Ich glaube, er kommt überhaupt nicht mehr.

HURE Das wär' aber schade.

JAKOB So? Wie ich ihn kenne, ist er schon über die Stadt-
grenze.

5 *(Auftritt Macheath, hängt Hut an Nagel, setzt sich auf
Sofa hinter Tisch.)*

MAC Meinen Kaffee!

JAKOB *(entsetzt)* Wieso bist du nicht in Highgate?

MAC Heute ist mein Donnerstag. Ich kann mich doch von
10 meinen Gewohnheiten nicht durch solche Lappalien ab-
halten lassen. *(Wirft die Anklageschrift auf den Boden.)*
Außerdem regnet es.

JAKOB Tatsächlich?

MAC In Strömen!

15 JENNY *(lange Pause, liest die Anklageschrift)* Im Namen
des Königs wird gegen den Captn Macheath Anklage
erhoben, wegen dreifachem …

JAKOB *(nimmt sie ihr weg)* Komm' ich da auch vor?

MAC Natürlich, das ganze Personal!

20 JENNY *(zur anderen Hure)* Du, das ist die Anklage.
(Pause.) Mac, gib mal deine Hand her. *(Er reicht die
Hand, während er mit der anderen Kaffee trinkt.)*

DOLLY Ja, Jenny, nimm's ihm aus der Hand, das verstehst
du aus dem ff*. *(Hält eine Petroleumlampe.)*

Sprichwörtl.
für: gründlich
verstehen

25 MAC Reiche Erbschaft?

JENNY Nein, reiche Erbschaft nicht!

BETTY Warum schaust du so, Jenny, daß es einem kalt den
Rücken herunter läuft?

MAC Eine weite Reise in Kürze?

30 JENNY Nein, keine weite Reise.

VIXER, Was siehst du denn?

MAC Bitte, nur das Gute, nicht das Schlechte!

JENNY Ach was, ich sehe da ein enges Dunkel und wenig
Licht. Und dann sehe ich ein großes L, das heißt List
35 eines Weibes. Dann sehe ich …

MAC Halt. Über das enge Dunkel und die List zum Beispiel möchte ich Einzelheiten wissen, den Namen des listigen Weibes zum Beispiel.

JENNY Ich sehe nur, daß er mit J angeht.

MAC Dann ist es falsch. Er geht mit Plan. 5

JENNY Mac, wenn die Krönungsglocken von ⌐Westminster⌐ läuten, wirst du eine schwere Zeit haben!

MAC Sag' mehr!

JAKOB *(lacht schallend).*

MAC Was ist denn los? *(Er läuft zu Jakob, liest* 10 *auch.)* Ganz falsch, es waren nur drei.

JAKOB *(lacht)* Eben!

MAC Hübsche Wäsche haben Sie da.

Bildhaft für: Das ganze Leben
HURE Von der Wiege bis zur Bahre*, zuerst die Wäsche!

ALTE HURE Ich verwende nie Seide. Die Herren halten ei- 15 nen sofort für krank.

BETTY Ist ja auch ganz klar.

ZWEITE HURE *(zu Jenny)* Wo gehst du hin, Jenny?

JENNY Das werdet ihr sehen. *(Ab.)*

Haltbares Leinen aus grobem Garn
MOLLY Aber Hausmacherleinen* schreckt auch ab. 20

ALTE HURE Ich habe sehr gute Erfolge mit Hausmacherleinen.

VIXER Da fühlen sich die Herren gleich wie zu Hause.

MAC *(zu Betty)* Hast du immer noch die schwarzen Paspeln? 25

BETTY Immer noch die schwarzen ⌐Paspeln⌐.

MAC Was hast denn du für Wäsche?

ZWEITE HURE Ach, ich geniere mich direkt. Ich kann doch in mein Zimmer niemand bringen, meine Tante ist doch so mannstoll – und in den Hauseingängen, wißt Ihr, – 30 ich habe da einfach gar keine Wäsche an.

JAKOB *(lacht).*

MAC Bist du fertig?

JAKOB Nein, ich bin gerade bei den Schändungen.

MAC *(wieder am Sofa)* Aber wo ist denn Jenny? Meine
   Damen, lange bevor mein Stern über dieser Stadt auf-
   ging, lebte ich in den dürftigsten Verhältnissen mit einer
   von Ihnen, meine Damen. Und wenn ich auch heute
5 Mackie Messer bin, so werde ich auch niemals im Glück
   die Gefährten meiner dunklen Tage vergessen, vor allen
   Jenny, die mir die liebste war von den Mädchen. Paß
   mal auf, hör 'mal auf zu plätten!
   (Während nun Mac singt, steht rechts vor dem Fenster
10 *Jenny und nickt dem Schutzmann. Dann gesellt sich zu*
   ihr noch Frau Peachum; unter der Laterne stehen die
   drei und sehen nach links.)

Nr. 12. ⌜ZUHÄLTERBALLADE⌝.

MAC In einer Zeit, die längst vergangen ist,
15   Lebten wir schon zusammen, sie und ich.
     Die Zeit liegt fern wie hinter einem Rauch,
     Ich liebte sie und sie ernährte mich.
     Es geht auch anders, doch so geht es auch.
     Und wenn ein Freier kam, kroch ich aus unserm Bett
20   Und drückte mich zu meinem Kirsch und war sehr nett.
     Und wenn er blechte, sprach ich zu ihm: Herr,
     Wenn Sie mal wieder wollen – bitte sehr.
     So lebten wir ein volles halbes Jahr
     In dem Bordell, wo unser Haushalt war.
25   *(Auftritt Jenny in der Tür, hinter ihr Smith.)*
   JENNY In jener Zeit, die nun vergangen ist,
     War er mein Freund und ich ein junges Ding
     Und wenn kein Zaster* war, hat er mich angehaucht,
     Da hieß es gleich: Du, ich versetz' dir deinen Ring.
30   Ein Ring, ganz gut, doch ohne geht es auch.
     Da wurde ich aber tückisch, ja, na weißte:
     Ich fragt' ihn manchmal direkt, was er sich erdreiste,

Gauner-
sprache,
für: Geld

Da hat er mir aber eine ins Zahnfleisch gelangt.
Da bin ich manchmal direkt darauf erkrankt!

BEIDE Das war so schön in diesem halben Jahr,
In dem Bordell, wo unser Haushalt war.

(Tanz, Mac nimmt den Messerstock*, sie reicht ihm den 5
Hut, er tanzt noch, da legt ihm Smith die Hand auf die
Schulter.)

SMITH Na, wir können ja losgehen!

MAC Hat diese Dreckbude immer noch nur einen Aus-
gang? 10
(Smith will Macheath Handschellen anlegen, Mac stößt
ihn vor die Brust, daß er hinaustaumelt, springt zum
Fenster hinaus. Vor dem Fenster steht Frau Peachum mit
Polizisten.)

MAC *(gefaßt, sehr höflich)* Wie geht es Ihrem Mann? 15

FRAU PEACHUM Aber, mein lieber Herr Macheath. Mein
Mann sagt, die größten Helden der Weltgeschichte sind
über diese kleine Schwelle gestolpert. Leider müssen Sie
sich jetzt von den reizenden Damen hier verabschieden!
Konstabler, halloh, führen Sie den Herrn in sein neues 20
Heim. *(Man führt ihn ab. Zum Fenster hinein)* Meine
Damen, wenn Sie ihn besuchen wollen, treffen Sie ihn
immer zu Hause, der Herr wohnt von nun an in Old
Bailey. Ich wußte es ja, daß er sich bei seinen Huren
herumtreibt. Die Rechnung begleiche ich. Leben Sie 25
wohl, meine Damen. *(Ab.)*

JENNY Du, Jakob, da ist was passiert.

JAKOB *(der vor lauter Lesen nichts bemerkt hat)* Wo ist
denn Mac?

JENNY Konstabler waren da! 30

JAKOB Um Gottes willen, und ich lese, und ich lese, und ich
lese ... Junge, Junge, Junge! *(Ab.)*

(Zwischenaktmusik: Nr. 12 für Orchester.)

(Kleiner Vorhang zu.)

6. Bild

Titel: »Verraten von den Huren, wird Macheath durch die Liebe eines anderen Weibes aus dem Gefängnis befreit«.

Gefängnis in Old Bailey, ein Käfig.

Auftritt Brown.

BROWN Wenn ihn nur meine Leute nicht erwischen! Lieber Gott! Lieber Gott! Ich wollte, er ritte jenseits des Moors von Highgate und dächte an seinen Jackie. Aber er ist ja so leichtsinnig! Wie alle großen Männer! Wenn sie ihn jetzt da hereinführen und er mich anblickt mit seinen treuen Freundesaugen, ich halte das nicht aus. Gott sei Dank, der Mond scheint wenigstens, wenn er jetzt über das Moor reitet, dann irrt er wenigstens nicht vom Pfad ab. *(Geräusch hinten.)* Was ist das? O mein Gott, da bringen sie ihn.

MAC *(mit dicken Tauen gefesselt, von sechs Konstablern, tritt in stolzer Haltung ein)* Na, Ihr Armleuchter, jetzt sind wir ja Gott sei Dank wieder in unserer alten Villa. *(Er bemerkt Brown, der in die hinterste Ecke der Zelle flieht.)*

BROWN *(nach einer langen Pause, unter dem schrecklichen Blick seines einzigen Freundes)* Ach, Mac, ich bin es nicht gewesen – – – ich habe alles gemacht – was – – – sieh mich nicht so an, Mac ... ich kann es nicht aushalten ... Dein Schweigen ist auch fürchterlich ... *(Brüllt einen Konstabler an)* Zieh' ihn nicht noch am Strick, du Schwein ... Sage etwas, Mac. Sage etwas zu deinem armen Jackie. ... Gib ihm ein Wort mit auf seinen dunklen ... *(Legt sein Haupt an die Mauer und weint.)* Nicht eines Wortes hat er mich für würdig erachtet. *(Ab.)*

MAC Dieser elende Brown. Das leibhaftige schlechte Gewissen. Und so was will oberster Polizeichef sein. Es war
gut, daß ich ihn nicht angeschrieen habe. Zuerst dachte
ich an so was. Aber dann überlegte ich mir gerade noch
rechtzeitig, daß ein tiefer, strafender Blick ihm ganz an- 5
ders den Rücken hinunterlaufen würde. Das hat geses-
sen. ⌜Ich blickte ihn an und er weinte bitterlich. Den
Trick habe ich aus der Bibel⌝.
Auftritt Smith (mit Handschellen).

MAC Na, Herr Aufseher, das sind wohl die schwersten, die 10
Sie haben. Mit Ihrer gütigen Erlaubnis möchte ich um
ein paar komfortablere bitten.

SMITH Aber, Herr Captn, Sie haben sie hier in jeder Preis-
lage. Es kommt ganz darauf an, was Sie anlegen wollen.
Von einer Guinea* bis zu zehn. 15

MAC Was kosten gar keine?

SMITH Fünfzig.

MAC *(gibt ihm fünfzig)* Aber das schlimmste ist, daß jetzt
diese Geschichte mit der Lucy auffliegen wird. Wenn
Brown erfährt, daß ich hinter seinem Freundesrücken 20
mit seiner Tochter was gemacht habe, dann verwandelt
er sich in einen Tiger.

SMITH ⌜Ja, wie man sich bettet, so schläft man⌝.

MAC Sicher wartet die Schlampe schon draußen. Das wer-
den schöne Tage werden bis zur Hinrichtung. 25
*(Songlicht. Auf den Tafeln der Titel: Ballade vom ange-
nehmen Leben.)*
Ihr Herren, urteilt jetzt selbst, ist das ein Leben?
Ich finde nicht Geschmack an alledem.
Als kleines Kind schon hörte ich mit Beben: 30
Nur wer im Wohlstand lebt, lebt angenehm!

Nr. 13. ⌜Ballade vom angenehmen Leben⌝.

Da preist man uns das Leben großer Geister,
Das lebt mit einem Buch und nichts im Magen,
In einer Hütte, daran Ratten nagen.
5 Mir bleibe man vom Leib mit solchem Kleister!
Das simple Leben lebe wer da mag!
Ich habe (unter uns) genug davon.
Kein Vögelchen, von hier bis ⌜Babylon⌝,
Vertrüge diese Kost nur einen Tag.

10 Was hilft da Freiheit? Es ist nicht bequem,
Nur wer im Wohlstand lebt, lebt angenehm!

Die Abenteurer mit dem kühnen Wesen
Und ihrer Gier, ⌜die Haut zum Markt zu tragen⌝,
Die stets so frei sind und die Wahrheit sagen,
15 Damit die Spießer etwas Kühnes lesen:
Wenn man sie sieht, wie das am Abend friert,
Mit kalter Gattin stumm zu Bette geht
Und horcht, ob niemand klatscht und nichts versteht
Und trostlos in das Jahr 5000 stiert.

20 Jetzt frag' ich Sie nun noch: Ist das bequem?
Nur wer im Wohlstand lebt, lebt angenehm!

Ich selber könnte mich durchaus begreifen,
Wenn ich mich lieber groß und einsam sähe,
Doch sah ich solche Leute aus der Nähe,
25 Da sag ich mir: Das mußt du dir verkneifen.
Armut bringt außer Weisheit auch Verdruß
Und Kühnheit außer Ruhm auch bitt're Müh'n.
Jetzt warst du arm und einsam, weis und kühn,
Jetzt machst du mit der Größe aber Schluß.

Dann löst sich ganz von selbst das Glücksproblem:
Nur wer im Wohlstand lebt, lebt angenehm!
Auftritt Lucy.

LUCY Du gemeiner Schuft, du – wie kannst du mir ins Gesicht sehen, nach allem, was zwischen uns gewesen ist.

MAC Lucy, hast du denn gar kein Herz! Wo du deinen Mann so vor dir siehst!

LUCY Meinen Mann! Du Untier! Du glaubst also, ich wisse nichts von der Geschichte mit Fräulein Peachum! Ich könnte dir die Augen auskratzen!

MAC Lucy, im Ernst, du bist doch nicht so töricht und bist eifersüchtig auf Polly?

LUCY Bist du denn nicht mir ihr verheiratet, du Bestie?

MAC Verheiratet! Das ist gut. Ich verkehre in diesem Haus. Ich rede mit ihr … Ich gebe ihr mal hin und wieder eine Art Kuß und jetzt läuft das alte Frauenzimmer herum und posaunt überall aus, sie sei mit mir verheiratet. Liebe Lucy, ich bin ja bereit, alles zu deiner Beruhigung zu tun, wenn du glaubst, du findest sie in einer Heirat mit mir – gut. Was kann ein Gentleman mehr sagen? Er kann nicht mehr sagen.

LUCY Oh, Mac. Ich will doch nur eine anständige Frau werden.

MAC Wenn du glaubst, du findest sie in einer Heirat mit mir, was kann ein Gentleman mehr sagen? Er kann nicht mehr sagen!

Auftritt Polly

POLLY Wo ist mein Mann? Oh, Mac, da bist du ja. Schau doch nicht weg, du brauchst dich nicht zu schämen vor mir. Ich bin doch deine Frau.

LUCY Oh, du gemeiner Schuft.

POLLY Oh, Mac, im Kerker. Warum bist du nicht über das Moor von Highgate geritten? Du hast mir gesagt, daß du nicht mehr zu den Frauen gehst. Ich habe gewußt, was sie dir antun würden, aber ich habe dir nichts gesagt, weil ich dir glaubte. Mac, ich bleibe bei dir, bis in den Tod. – – – Kein Wort, Mac, kein Blick. Oh, Mac, denk' doch, was deine Polly leidet, wenn sie dich so vor sich sieht.

5 LUCY Ach, die Schlampe.

POLLY Was heißt das, Mac, wer ist das überhaupt, so sag' ihr wenigstens, wer ich bin. Sage ihr, bitte, daß ich deine Frau bin. Bin ich nicht deine Frau? Sieh' mich mal an, bin ich nicht deine Frau?

10 LUCY Hinterhältiger Lump, du, hast du zwei Frauen, du Ungeheuer?

POLLY Sag', Mac, bin ich nicht deine Frau, du hast mir doch die Platte übergeben und ich habe doch alles so gemacht, wie wir's besprochen haben und ich soll das

15 auch von Jakob bestellen, daß er – – –

MAC Wenn ihr nur zwei Minuten eure Klappe halten könntet, wäre alles aufgeklärt.

LUCY Nein, ich will nicht meine Klappe halten, ich kann es nicht ertragen. Jemand aus Fleisch und Blut kann so was

20 nicht ertragen.

POLLY Ja, meine Liebe, natürlich hat da die Frau –

LUCY Die Frau!!

POLLY Die Frau einen gewissen natürlichen Vorrang. Leider, meine Liebe, zum mindesten nach außen hin. Der

25 Mensch muß ja ganz verrückt werden, von so viel Scherereien.

LUCY Scherereien, das ist gut. Was hast du dir denn da ausgesucht? Dieses dreckige Früchtchen! Das ist also deine große Eroberung! das ist also deine Schönheit von

30 Soho!

Nr. 14. Eifersuchtsduett.

(Lucy und Polly.)

LUCY Komm' heraus, du Schönheit von Soho,
    Zeig' doch einmal deine hübschen Beine!
    Ich will auch mal was Schönes sehen,   5
    Denn so schön wie du gibt es doch keine!
    Du sollst ja auf meinen Mac solch einen Eindruck
    machen!
POLLY Soll ich das, soll ich das?
LUCY Na, da muß ich aber wirklich lachen.   10
POLLY Mußt du das, mußt du das?
LUCY Ha, das wäre ja gelacht.
POLLY So, das wär' also gelacht.
LUCY Wenn sich Mac aus dir was macht!
POLLY Wenn sich Mac aus mir was macht.   15
LUCY Ha, ha, ha! Mit so einer
    Befaßt sich sowieso keiner.
POLLY und LUCY Na, das werden wir ja seh'n,
    Ja das werden wir ja seh'n!
LUCY und POLLY Mackie und ich, wir lebten wie die Tau-   20
    ben,
    Er liebt nur mich, das laß ich mir nicht rauben.
    Da muß ich schon so frei sein,
    Das kann doch nicht vorbei sein,
    Wenn da so 'n Mistvieh auftaucht!   25
    Lächerlich!
    Auftritt Frau Peachum. Plötzlich erscheint Frau Pea-
    chum in der Tür.
FRAU PEACHUM Ich wußte es. Bei ihrem Kerl ist sie. Du
    Dreckschlampe, komm' sofort her. Wenn dein Kerl auf-   30
    gehängt ist, kannst du dich dazu aufhängen. Das tust du
    deiner ehrwürdigen Mutter an, daß sie dich aus dem
    Gefängnis herausholen muß. Und gleich zwei hat er da-
    bei – dieser ⌈Nero⌉!

POLLY Laß mich da, bitte, Mammi, du weißt ja nicht.

FRAU PEACHUM Nach Hause, aber sofort.

LUCY Da hören Sie es, Ihre Mama muß Ihnen sagen, was sich schickt.

5 FRAU PEACHUM Marsch.

POLLY Gleich. Ich muß nur noch ... ich muß ihm doch noch etwas sagen ... Wirklich ... Weißt du, das ist sehr wichtig.

FRAU PEACHUM *(gibt ihr eine Ohrfeige)* So, das ist auch
10 wichtig. Marsch.

POLLY O, Mac! *(Wird abgeschleppt.)*

MAC Lucy, du hast dich prachtvoll benommen. Ich hatte natürlich Mitleid mit ihr. Deshalb konnte ich das Frauenzimmer schon nicht so behandeln, wie sie es ver-
15 dient. Du dachtest ja zuerst, es wäre etwas Wahres an dem, was sie sagte. Hab' ich recht?

LUCY Ja, das dachte ich, Liebster.

MAC Wenn etwas dran wäre, würde mich ihre Mutter doch nicht in diese Lage gebracht haben. Hast du gehört, wie
20 sie über mich hergezogen? So behandelt man doch als Mutter höchstens einen Verführer und nicht einen Schwiegersohn.

LUCY Wie glücklich bin ich, wenn du dies so aus Herzens-grund sagst. Ich liebe dich ja so sehr, daß ich dich fast
25 lieber am Galgen sehe als in den Armen einer anderen. Ist das nicht merkwürdig?

MAC Lucy, dir möchte ich mein Leben verdanken.

LUCY Das ist wundervoll, wie du das sagst, sag' es noch mal.

30 MAC Lucy, dir möchte ich mein Leben verdanken.

LUCY Soll ich mit dir fliehen, Liebster?

MAC Ja, nur weißt du, wenn wir zusammen fliehen, kön-nen wir uns schwer verstecken, sobald man mit der Su-cherei aufhört, werde ich dich sofort holen lassen, und
35 zwar per Eilpost, das kannst du dir denken!

LUCY Wie soll ich dir helfen?

MAC Bring' Hut und Stock!

*(Lucy kommt zurück mit Hut und Stock und wirft sie
ihm in seine Zelle, dann ab.)*

SMITH *(tritt auf, geht in die Zelle und sagt zu Mac)* Geben
Sie mal den Stock her. *(Nach einer kleinen Jagd durch
Smith, der mit einem Stuhl und einer Brechstange Mac
herumtreibt, springt Mac über das Gitter. Konstabler
setzen ihm nach.)*
Auftritt Brown.

BROWN *(klopft ganz zart an die Tür, man hört Browns
Stimme)* Hallo, Mac – – – Mac, bitte antworte, hier ist
Jackie. Mac, bitte sei so gut, und antworte, ich kann es
nicht mehr einhalten. *(Herein Brown.)* Mackie! Was ist
das, Mac? Nun ist er fort, Gott sei Dank! *(Er setzt sich
auf die Pritsche.)*

PEACHUM Hallo! Ist das Herr Macheath? *(Brown
schweigt.)* Aber was ist denn das, warum schweigen Sie
denn so? Hallo, das ist ja … Ach, so, ach, der andere
Herr ist wohl auf den Bummel* gegangen? Ich komme
da herein, einen Verbrecher zu besuchen, und wer sitzt
da: der Herr Brown, Tigerbrown sitzt da und sein
Freund Macheath sitzt nicht da.

BROWN *(stöhnend)* O Herr Peachum, es ist nicht meine
Schuld.

PEACHUM Sicher nicht, wieso denn, Sie selber werden
doch nicht – wo Sie sich dadurch in eine solche Lage
bringen werden – unmöglich, Brown.

BROWN Herr Peachum, ich bin außer mir.

PEACHUM Das glaube ich. Scheußlich müssen Sie sich fühlen.

BROWN Ja, dieses Gefühl der Ohnmacht ist es, was einen
so lähmt. Die Kerls machen ja, was sie wollen. Es ist
schrecklich, schrecklich.

Stadtspazier-
gang ohne Ziel

PEACHUM Wollen Sie sich nicht ein wenig legen? Sie schließen einfach die Augen und tun, als sei nichts gewesen.
Denken Sie, Sie sind auf einer hübschen grünen Wiese,
mit weißen Wölkchen darüber, und die Hauptsache,
daß Sie sich diese greulichen Dinge da aus dem Kopf
schlagen. Die gewesenen und vor allem die, die noch
kommen werden.

BROWN *(beunruhigt)* Was meinen Sie damit?

PEACHUM Sie halten sich wunderbar. Ich würde in Ihrer
Lage einfach zusammenbrechen, ins Bett kriechen und
heißen Tee trinken. Und vor allem zusehen, daß mir jemand irgend eine Hand auf die Stirne legt.

BROWN Zum Teufel, ich kann doch nichts dafür, wenn der
Kerl entweicht. Die Polizei kann da nichts machen.

PEACHUM So, die Polizei kann da nichts machen? Sie glauben bloß nicht, daß wir Herrn Mac hier wiedersehen
werden.

(Brown zuckt mit den Achseln.)

PEACHUM Dann ist es scheußlich ungerecht, was mit Ihnen
geschehen wird. Jetzt wird man natürlich wieder sagen,
die Polizei hätte ihn nicht laufen lassen dürfen. Ja, den
strahlenden Krönungszug, den sehe ich ja noch nicht.

BROWN Was soll das heißen?

PEACHUM Ich darf Sie da wohl an einen historischen Vor-
fall erinnern, der, obwohl er seinerzeit, im Jahre 1400
vor Christi, großes Aufsehen erregte, doch heute weiteren Kreisen unbekannt ist. Als der ägyptische König
⌈Ramses II.⌉ gestorben war, ließ sich der Polizeihauptmann von ⌈Ninive, beziehungsweise Cairo⌉, irgend eine
Kleinigkeit gegen die untersten Schichten der Bevölkerung zu Schulden kommen. Die Folgen waren schon damals furchtbar. Der Krönungszug der Thronfolgerin
⌈Semiramis⌉ wurde, wie's in den Geschichtsbüchern
heißt: »durch die allzu lebhafte Beteiligung der untersten Schichten der Bevölkerung zu einer Kette von Ka-

tastrophen«. Die Historiker sind außer sich vor Entset-
zen, wie furchtbar sich Semiramis ihrem Polizeihauptmann gegenüber benahm. Ich erinnere mich nur dunkel,
aber es war die Rede von ⌜Schlangen, die sie an seinem
Busen nährte⌝.   5

BROWN Wirklich?

PEACHUM Der Herr sei mit Ihnen, Brown. *(Ab.)*

BROWN Jetzt kann nur mehr die eiserne Faust helfen, Ser-
geanten, zur Konferenz, Alarm!

(Vorhang.)   10

Nr. 15. Zweites Dreigroschen-Finale.

MAC *(vor dem Vorhang)*
    Ihr Herrn, die ihr uns lehrt, wie man brav leben
    Und Sünd' und Missetat vermeiden kann,
    Zuerst müßt ihr uns was zu fressen geben,   15
    Dann könnt ihr reden: Damit fängt es an.
    Ihr, die ihr euren Wanst und uns're Bravheit liebt,
    Das eine wisset ein für allemal:
    Wie ihr es immer dreht und wie ihr's immer schiebt,
    Erst kommt das Fressen, dann kommt die Moral.   20
    Erst muß es möglich sein auch armen Leuten,
    Vom großen Brotlaib sich ihr Teil zu schneiden.

HINTER DER SZENE Denn wovon lebt der Mensch?

MAC Denn wovon lebt der Mensch? Indem er stündlich
    Den Menschen peinigt, auszieht, anfällt, abwürgt und   25
    frißt.
    Nur dadurch lebt der Mensch, daß er so gründlich
    Vergessen kann, daß er ein Mensch doch ist.

CHOR Ihr Herren, bildet euch nur da nichts ein,
    ⌜Der Mensch lebt nur von Missetat allein⌝.   30

FRAU PEACHUM Ihr lehrt uns, wann ein Weib die Röcke
    heben
    Und ihre Augen einwärts drehen kann.
    Zuerst müßt ihr uns was zu fressen geben,
5   Dann könnt ihr reden: Damit fängt es an.
    Ihr, die auf uns're Scham und eure Lust besteht,
    Das eine wisset ein für allemal:
    Wie ihr es immer dreht und wie ihr's immer schiebt,
    Erst kommt das Fressen, dann kommt die Moral.
10   Erst muß es möglich sein auch armen Leuten,
    Vom großen Brotlaib sich ihr Teil zu schneiden.
HINTER DER SZENE Denn wovon lebt der Mensch?
FRAU PEACHUM Denn wovon lebt der Mensch? Indem er
    stündlich
15   Den Menschen peinigt, auszieht, anfällt, abwürgt und
    frißt,
    Nur dadurch lebt der Mensch, daß er so gründlich
    Vergessen kann, daß er ein Mensch doch ist.
CHOR Ihr Herren, bildet euch nur da nichts ein,
20   Der Mensch lebt nur von Missetat allein!

(Vorhang.)

Dritter Akt

7. Bild

Titel: »*In derselben Nacht rüstet Peachum zum Aufbruch. Durch eine Demonstration des Elends beabsichtigt er, den Krönungszug zu stören.*« 5

Peachums Bettlergarderoben.

(Die Bettler bemalen Täfelchen mit Aufschriften, wie: »Mein Auge gab ich dem König« usw.)

Straße im Zentrum Londons

PEACHUM Meine Herren, in dieser Stunde arbeiten in unseren elf Filialen von Drury Lane* bis Turnbridge ein- 10 tausendvierhundertzweiunddreißig Herren an solchen Täfelchen, wie Sie, um der Krönung unseres Königs* beizuwohnen.

Muss heißen: unserer Königin

FRAU PEACHUM Vorwärts, vorwärts! ⌈Wenn ihr nicht arbeiten wollt, könnt ihr nicht betteln⌉. Du willst ein Blin- 15 der sein und kannst nicht einmal ein richtiges K machen? Das soll 'ne Kinderhandschrift sein, das ist ja ein alter Mann. *(Trommelwirbel.)*

BETTLER Jetzt tritt die Krönungswache unter das Gewehr, die werden auch noch nicht ahnen, daß sie es heute, an 20 dem schönsten Tag ihres Militärlebens, mit uns zu tun haben werden.

FILCH *(herein, meldet)* Da kommt ein Dutzend übernächtiger Hühner angetrippelt, Frau Peachum. Sie behaupten, sie kriegen hier Geld. 25
Auftritt der Huren.

JENNY Gnädige Frau –

FRAU PEACHUM Na, ihr seht ja aus, wie von der Stange gefallen. Ihr kommt wohl wegen dem Geld für euren Macheath. Also, ihr bekommt gar nichts, versteht ihr, gar nichts.

5 JENNY Wie dürfen wir das verstehen, gnädige Frau?

FRAU PEACHUM Mir auf die Bude zu rücken. Mitten in der Nacht. Drei Uhr früh in ein anständiges Haus zu kommen! Ihr solltet euch lieber ausschlafen von eurem Gewerbe. Aussehen tut ihr wie gespiene Milch.

10 JENNY So, wir können also unser kontraktliches Honorar dafür, daß wir Herrn Macheath dingfest gemacht haben, nicht bekommen, gnädige Frau?

FRAU PEACHUM Ganz richtig, einen Dreck bekommt ihr und keinen ⌈Judaslohn⌉.

15 JENNY Und warum, gnädige Frau?

FRAU PEACHUM Weil dieser saubere Herr Macheath wieder in alle Winde verstreut ist. Darum. Und jetzt marsch aus meiner guten Stube, meine Damen.

JENNY Also, das ist doch die Höhe. Machen Sie das nur
20 nicht mit uns. Das möchte ich Ihnen gesagt haben. Mit uns nicht.

FRAU PEACHUM Filch, die Damen wünschen hinausgeführt zu werden.

(Filch geht auf die Damen zu, Jenny stößt ihn fort.)

25 JENNY Ich möchte Sie doch bitten, Ihre dreckige Fresse zu halten, sonst könnte es passieren, daß – – –

Auftritt Herrn Peachums.

PEACHUM Was ist denn los, du hast ihnen doch hoffentlich kein Geld gegeben, na, wie ist's, meine Damen? Sitzt der
30 Herr Macheath oder sitzt er nicht?

JENNY Lassen Sie mich mit Ihrem Herrn Macheath in Ruhe. Dem können Sie nicht das Wasser reichen. Ich habe heute nacht einen Herrn weggehen lassen müssen, weil ich in die Kissen weinte als ich daran denken mußte,
35 daß ich diesen Gentleman an Sie verkauft habe. Ja,

meine Damen, und was glauben Sie, was heute morgen geschah? Vor noch nicht einer Stunde, ich hatte mich eben in den Schlaf geweint, pfiff es, und auf der Straße stand eben dieser Herr, um den ich geweint hatte und wünschte, daß ich ihm den Schlüssel herunterwerfe. In meinen Armen wollte er mich die Unbill vergessen machen, die ich ihm zugefügt habe. Das ist der letzte Gentleman in London, meine Damen. Und wenn unsere Kollegin ⌐Suky Tawdry⌐ jetzt hier nicht mitgekommen ist, dann ist es, weil er von mir noch zu ihr ging, um auch sie zu trösten.

PEACHUM *(vor sich hin)* Suky Tawdry –

JENNY So, jetzt wissen Sie, daß Sie diesem Herrn nicht das Wasser reichen können. Sie niedriger Spitzel.

PEACHUM Filch, lauf' schnell zum nächsten Polizeiposten, – Macheath – Suky Tawdry. *(Filch ab.)*

PEACHUM Aber, meine Damen, warum streiten wir? Das Geld wird gezahlt werden, selbstverständlich. Liebe Celia, du solltest lieber gehen und für die Damen Kaffee kochen als daß du sie hier anpöbelst.

FRAU PEACHUM *(im Abgehen)* Suky Tawdry – das ist ja toll!

PEACHUM Vorwärts, vorwärts, ihr würdet einfach in den Kloaken von Turnbridge verkommen, wenn ich nicht in meinen schlaflosen Nächten herausgebracht hätte, wie man aus eurer Armut einen Penny herausziehen kann. Aber ich habe herausgebracht, daß die Besitzenden der Erde das Elend zwar anstiften können, aber sehen können sie das Elend nicht. Denn es sind Schwächlinge und Dummköpfe, genau wie ihr, wenn sie gleich zu fressen haben, bis zum Ende ihrer Tage, und ihren Fußboden mit Butter einschmieren können, daß auch die Brosamen, die von den Tischen fallen, noch fett werden, so können sie doch nicht mit Gleichmut einen Mann sehen, der vor Hunger umfällt, freilich muß es vor ihrem Haus sein, daß er umfällt.

(Auftritt von Frau Peachum mit einem Tablett voll Kaffeetassen.)

FRAU PEACHUM Sie können morgen am Geschäft vorbeikommen und sich Ihr Geld holen, aber nach der Krönung.

PEACHUM Darum antreten, wir versammeln uns in einer Stunde vorm ⌐Buckingham-Palast⌐. Marsch.

(Antreten der Bettler.)

FILCH *(stürzt herein)* Polente! Bis zur Wache bin ich gar nicht gekommen. Die Polizei ist schon da!

PEACHUM Versteckt euch! – *(Zu Frau Peachum)* Stell' die Kapelle zusammen, vorwärts. Und wenn du mich sagen hörst harmlos, verstehst du mich: h a r m l o s –

FRAU PEACHUM Harmlos? Ich verstehe gar nichts –

PEACHUM Selbstverständlich verstehst du gar nichts. Also, wenn ich sage harmlos *(es klopft an die Tür)* Gott sei Dank, da ist ja das Schlüsselchen, h a r m l o s, dann spielt ihr irgendeine Art von Musik. Los!

(Frau Peachum mit Bettlern ab. Die Bettler, bis auf das Mädchen mit der Tafel »Ein Opfer militärischer Willkür«, verstecken sich mit ihren Sachen hinten rechts hinter der Kleiderstange.)

Auftritt Brown und Konstabler.

BROWN So, und jetzt wird durchgegriffen, Herr Bettlers Freund. Gleich mal in Ketten legen, Smith. Ach, da sind ja einige von den reizenden Tafeln. *(Zum Mädchen)* »Ein Opfer militärischer Willkür« – sind Sie das?

PEACHUM Guten Morgen, Brown, guten Morgen, gut geschlafen?

BROWN He?

PEACHUM Morgen, Brown.

BROWN Sagt er das zu mir? Kennt er einen von euch? Ich glaube nicht, daß ich das Vergnügen habe, dich zu kennen.

PEACHUM So, nicht, Morgen, Brown.

BROWN Hauen Sie ihm den Hut vom Kopf. *(Smith tut es.)*

PEACHUM Sehen Sie, Brown, nun Sie mal Ihr Weg v o r -
b e i geführt, ich sage v o r b e i , Brown, da kann ich Sie ja
gleich darum bitten, einen gewissen Macheath endlich   5
hinter Schloß und Riegel zu bringen.

BROWN Der Mann ist verrückt. Lachen Sie nicht, Smith.
Sagen Sie mal, Smith, wie ist es möglich, daß dieser no-
torische Verbrecher in London frei herumläuft?

PEACHUM Weil er Ihr Freund ist, Brown.   10

BROWN Wer?

PEACHUM Mackie Messer. Ich doch nicht. Ich bin doch
kein Verbrecher. Ich bin doch ein armer Mensch,
Brown. Mich können Sie doch nicht schlecht behandeln.
Brown, Sie stehen doch vor der schlimmsten Stunde Ih-   15
res Lebens, möchten Sie Kaffee? *(Zu den Huren)* Kinder,
gebt doch mal dem Herrn Polizeichef einen Schluck ab,
ist doch kein Benehmen. Vertragen wir uns doch alle.
(Zweites Trommelzeichen.) Abmarsch der Truppen zur
Spalierbildung. Der Abmarsch der Ärmsten der Armen   20
eine halbe Stunde später.

BROWN Ja, ganz recht, Herr Peachum. Abmarsch der
Ärmsten der Armen in einer halben Stunde nach Old
Bailey ins Gefängnis in die Winterquartiere. *(Zu den
Konstablern)* So, Jungens, nun sammelt mal da ein, was   25
da ist. Alles einsammeln, was ihr an Patrioten hier vor-
findet. *(Zu den Bettlern)* Habt ihr schon mal was vom
Tigerbrown gehört? Diese Nacht, Peachum, habe ich
nämlich die Lösung gefunden, und ich darf wohl sagen,
einen Freund aus Todesnot errettet. Ich räuchere einfach   30
Ihr ganzes Nest aus. Und sperre alles ein wegen – na,
wegen was wohl? Na – wegen Straßenbettel. Sie schie-
nen mir doch anzudeuten, daß Sie mir und dem König*
an diesem Tage die Bettler auf den Hals schicken wollen.
Und diese Bettler nehme ich mal fest. Da kannst du was   35
lernen.

Muss heißen:
der Königin

PEACHUM Sehr schön, nur was für Bettler?

BROWN Na, diese Krüppel hier. Smith, wir nehmen die Herren Patrioten gleich mit.

PEACHUM Brown, ich kann Sie da vor einer Übereilung
5   bewahren, Gott sei Dank, Brown, daß Sie da zu mir gekommen sind. Sehen Sie, Brown, diese paar Leute können Sie natürlich verhaften, aber vor dem Krönungspalast ist es eine verdammt ernste Angelegenheit. Sehen Sie, da kommen doch Tausende, das ist nicht so
10   harmlos wie hier. Nicht so harmlos, h a r m l o s –
    (Musik setzt ein, und zwar spielt sie einige Takte von Nr. 16 voraus.)

BROWN Was ist denn das?

PEACHUM Musik. Sie spielen eben, so gut sie können. Das
15   Lied von der Unzulänglichkeit. Kennen Sie nicht? Da können Sie was lernen.
    (Songbeleuchtung. Auf den Tafeln steht: »Das Lied von der Unzulänglichkeit menschlichen Strebens«.)

Nr. 16. ⌐LIED VON DER UNZULÄNGLICHKEIT
20   MENSCHLICHEN STREBENS⌐.

PEACHUM Der Mensch lebt durch den Kopf,
        Der Kopf reicht ihm nicht aus,
        Versuch' es nur, von deinem Kopf
        Lebt höchstens eine Laus.

25   Denn für dieses Leben
        Ist der Mensch nicht schlau genug,
        Niemals merkt er eben,
        Diesen Lug und Trug.

        Ja, mach' nur einen Plan,
30   Sei nur ein großes Licht,

Und mach' dann noch 'nen zweiten Plan,
Geh'n tun sie beide nicht.

Denn für dieses Leben
Ist der Mensch nicht schlecht genug,
Doch sein höh'res Streben   5
Ist ein schöner Zug.

Ja, renn' nur nach dem Glück,
Doch renne nicht zu sehr,
Denn alle rennen nach dem Glück,
Das Glück rennt hinterher.   10

Denn für dieses Leben
Ist der Mensch nicht anspruchslos genug,
Drum ist all sein Streben
Nur ein Selbstbetrug.

PEACHUM Na, Smith, machen Sie die Kettchen wieder los. 15
Brown, machen Sie keine Witze in Ihrer Situation. Sehen
Sie, da kommen doch Tausende. Wenn die da nun vor
der Kirche stehen, das ist doch kein festlicher Anblick.
Die Leute sehen doch nicht gut aus. Wissen Sie, was eine
⌐Gesichtsrose⌐ ist, Brown? Aber jetzt erst hundertzwan- 20
zig Gesichtsrosen? Die junge Königin sollte auf Rosen
gebettet sein und nicht auf Gesichtsrosen. Und dann
diese Verstümmelten am Kirchenportal. Das wollen wir
doch vermeiden, Brown. Sie sagen wahrscheinlich, die
Polizei wird mit uns armen Leuten fertig werden. Das   25
glauben Sie ja selbst nicht. Aber wie wird es aussehen,
wenn anläßlich der Krönung sechshundert arme Krüppel mit Knütteln* niedergehauen werden müssen?
Schlecht würde es aussehen. Ekelhaft sieht es aus. Zum
Übelwerden ist es. Mir ist ganz schwach, Brown, wenn 30
ich daran denke. Einen kleinen Stuhl, bitte.

Knüppeln

BROWN *(zu Smith)* Das ist eine Drohung. Sie, das ist eine Erpressung. Dem Mann kann man nichts anhaben, dem Mann kann man im Interesse der öffentlichen Ordnung gar nichts anhaben. Das ist noch nie vorgekommen.

PEACHUM Aber jetzt kommt es vor. Ich will Ihnen etwas sagen: Der Königin von England gegenüber können Sie sich benehmen, wie Sie wollen. Aber dem ärmsten Mann Londons können Sie nicht auf die Zehen treten, sonst haben Sie ausgebrownt, Herr Brown.

BROWN Ich soll also Mackie Messer verhaften? Verhaften? Sie haben gut reden. Erst muß man einen Mann haben, bevor man ihn verhaften kann.

PEACHUM Wenn Sie mir das sagen, da kann ich nicht widersprechen. Dann werde ich Ihnen also den Mann besorgen, wir wollen doch sehen, ob es noch Moral gibt. Jenny, wo halten sich der Herr Macheath auf?

JENNY 21 Oxford Street*, bei Suky Tawdry.

Straße im Zentrum Londons

BROWN Smith, geh' sofort nach 21 Oxford Street zu Suky Tawdry, nehmt Macheath fest und bringt ihn nach Old Bailey. Ich muß inzwischen meine Gala-Uniform anziehen. An diesem Tage muß ich mir meine Galauniform anziehen.

PEACHUM Brown, wenn er um sechs nicht hängt –

BROWN Oh, Mac, es ging nicht. *(Ab mit Konstablern.)*

PEACHUM *(nachrufend)* Haben Sie was gelernt, Brown! *(Drittes Trommelzeichen.)* Drittes Trommelzeichen. Umorientierung des Aufmarschplanes. Neue Richtung: Die Gefängnisse von Old Bailey. Marsch. *(Bettler ab.)*

REMINISZENZ* (Nr. 16).

(lat.) Erinnerung

Der Mensch ist gar nicht gut,
Drum hau' ihn auf den Hut.

Hast du ihn auf den Hut gehaut,
Dann wird er vielleicht gut.
Denn für dieses Leben
Ist der Mensch nicht gut genug,
Darum haut ihn eben   5
Ruhig auf den Hut.
Vorhang.
(Vor dem Vorhang erscheint Jenny mit einem Leierka-
sten.)

Nr. 17. ⌈SALOMON-SONG⌉.   10

JENNY Ihr saht den weisen ⌈Salomo⌉,
    Ihr wißt, was aus ihm wurd'.
    Dem Mann war alles sonnenklar,
    Er verfluchte die Stunde seiner Geburt
    ⌈Und sah, daß alles eitel war⌉.   15

    Wie groß und weis' war Salomo!
    Und seht, da war es noch nicht Nacht,
    Da sah die Welt die Folgen schon,
    Die Weisheit hatte ihn so weit gebracht;
    Beneidenswert, wer frei davon!   20

    Ihr saht den kühnen ⌈Cäsar⌉ dann,
    Ihr wißt, was aus ihm wurd',
    Der saß wie'n Gott auf 'nem Altar,
    Und wurde ermordet, wie ihr erfuhrt,
    Und zwar, als er am größten war.   25
    Wie schrie der laut: ⌈»Auch du, mein Sohn!«⌉
    Und seht, da war es noch nicht Nacht,
    Da sah die Welt die Folgen schon,
    Die Kühnheit hatte ihn so weit gebracht.
    Beneidenswert, wer frei davon!   30

Und nun seht ihr Macheath und mich,
Gott weiß, was aus uns wird.
So groß war uns're Leidenschaft!
Wo haben wir uns hinverirrt,
5 Daß man ihn jetzt zum Galgen schafft!
Da seht ihr uns'rer Sünde Lohn.
Und seht, da war es noch nicht Nacht,
Da sah die Welt die Folgen schon,
Die Leidenschaft hat uns so weit gebracht.
10 Beneidenswert, wer frei davon!

8. Bild

Titel: »Freitag morgen, 6 Uhr*: Mackie Messer, der aber-   Muss heißen:
mals zu Huren gegangen ist, ist abermals von Huren ver-   5 Uhr
raten worden. Er wird nunmehr gehenkt«.

15 *Die Westminsterglocken läuten. Konstabler bringen Ma-*
cheath gefesselt in den Kerker.

(Das Orchester spielt leise Nr. 2 als Trauermarsch.)

SMITH Hier herein mit ihm. Die Westministerglocken läuten schon das erstemal. Stellen Sie sich anständig hin, ich
20 will nicht wissen, wovon Sie so einen kaputten Eindruck
machen. Ich denke, Sie schämen sich. *(Zu den Konsta-*
blern) Wenn die Glocken von Westminster zum dritten-
mal läuten, und das wird um sechs Uhr sein, müssen wir
ihn gehenkt haben. Bereitet alles vor.
25 EIN KONSTABLER Sämtliche Straßen von Newgate sind
schon seit einer Viertelstunde so voll, von allen Schichten der Bevölkerung, daß man überhaupt nicht mehr
durchkommen kann.

SMITH Merkwürdig, wußten sie es denn schon?

KONSTABLER Wenn es so weitergeht, weiß es in einer Viertelstunde ganz London. Dann werden die Leute, die
sonst zum Krönungszug gingen, alle hierher kommen.
Und die Königin wird durch leere Straßen fahren müs- 5
sen.

SMITH Darum müssen wir eben Dampf dahinter setzen.
Wenn wir um sechs Uhr fertig sind, können die Leute
noch bis sieben Uhr zurecht kommen zum Krönungszug. Marsch jetzt. 10

MAC Hallo, Smith, wieviel Uhr ist es?

SMITH Haben Sie keine Augen? Fünf Uhr vier.

MAC Fünf Uhr vier.

*(Als er eben die Zellentür von außen zuschließt, kommt
Brown.)* 15

BROWN *(Smith fragend, den Rücken zur Zelle)* Ist er
drin?

SMITH Wollen Sie ihn sehen?

BROWN Nein, nein, nein, um Gottes willen, machen Sie
nur alles allein. *(Ab.)* 20

MAC *(plötzlich in unaufhaltsam leisem Redestrom)* Also
Smith, ich will gar nichts sagen, nichts von Bestechung,
fürchten Sie nichts. Ich weiß alles. Wenn Sie sich bestechen ließen, müßten Sie zumindest außer Landes. Ja, das
müßten Sie. Dazu müßten Sie soviel haben, daß Sie Zeit 25
Ihres Lebens ausgesorgt hätten. Tausend Pfund, was?
Sagen Sie nichts? In zwanzig Minuten werde ich Ihnen
sagen, ob Sie diese tausend Pfund heute mittag noch
haben können. Ich rede nicht von Gefühlen. Gehen Sie
'raus und denken Sie scharf nach. Das Leben ist kurz 30
und das Geld ist knapp. Und ich weiß überhaupt noch
nicht, ob ich welches auftreibe. Aber lassen Sie herein zu
mir, wer herein will.

SMITH *(langsam)* Das ist ja Unsinn, Herr Macheath.
(Ab.) 35

MAC *(singt die »⌐Epistel an seine Freunde nach François Villon⌐«, leise und im schnellsten Tempo):*

Nr. 18. RUF AUS DER GRUFT.

Nun hört die Stimme, die um Mitleid ruft,
5   Macheath liegt hier nicht unterm Hagedorn*.
Nicht unter Buchen, nein, in einer Gruft!
Hierher verschlug ihn des Geschickes Zorn.
Gott geb', daß ihr sein letztes Wort noch hört!
Die dicksten Mauern schließen ihn jetzt ein!
10   Fragt ihr denn gar nicht, Freunde, wo er sei?
Ist er gestorben, kocht euch ⌐Eierwein⌐.
So lang er aber lebt, steht ihm doch bei!
Wollt ihr, daß seine Marter ewig sei?

(Matthias und Jakob erscheinen im Gang. Sie wollen zu
15   *Macheath und werden von Smith angesprochen.)*

SMITH Nanu, Junge, du siehst ja aus wie ein ausgenommener Hering.

MATTHIAS Man muß schon eine Roßnatur haben, um in diesem Geschäft durchzuhalten. Ich muß den Captn
20   sprechen.
(Beide gehen auf Mac zu.)

MAC Fünf Uhr fünfundzwanzig. Ihr habt euch Zeit gelassen.

JAKOB Na, schließlich mußten wir ...

25 MAC Schließlich, schließlich, ich werde aufgehängt, Mensch. Aber ich habe ja gar keine Zeit mich mit euch herumzugiften. Fünf Uhr achtundzwanzig. Also: Wieviel kann man sofort aus unserem Depot ziehen?

MATTHIAS Aus dem Depot, früh um fünf?

30 JAKOB Ist es wirklich so weit?

(Randglosse:) Weißdornbusch oder -hecke

MAC Vierhundert Pfund, ginge das?

JAKOB Ja, und die anderen, wir? Das ist auch alles, was da ist.

MAC Werdet ihr gehenkt oder ich?

MATTHIAS *(erregt)* Liegen wir bei Suky Tawdry anstatt uns dünne zu machen*? Liegen wir bei Suky Tawdry oder du?

Ugs. für: verschwinden, fliehen

MAC Halt die Schnauze. Ich liege bald wo anders als bei dieser Schlampe. Fünf Uhr dreißig.

JAKOB Na, da müssen wir es eben machen, Matthias.

SMITH Herr Brown läßt fragen, was Sie als – Mahlzeit haben wollen.

MAC Lassen Sie mich in Ruhe. *(Zu Matthias)* Na, willst du oder willst du nicht? *(Zu Smith)* Spargel.

MATTHIAS Anbrüllen laß ich mich überhaupt nicht.

MAC Aber ich brülle dich doch gar nicht an. Das ist doch nur, weil ... Also Matthias, wirst du mich hängen lassen?

MATTHIAS Natürlich werde ich dich nicht hängen lassen. Wer sagt denn das? Aber es ist eben alles. Vierhundert Pfund ist eben alles, was da ist. Das wird man doch noch sagen dürfen.

MAC Fünf Uhr achtunddreißig.

JAKOB Na, dann aber Tempo, Matthias, sonst nützt es überhaupt nichts mehr.

MATTHIAS Wenn wir nur durchkommen, da ist ja alles voll. Dieses Gesindel.

MAC Wenn ihr fünf Minuten vor sechs nicht da seid, dann seht ihr mich nicht mehr. *(Schreit)* Dann seht ihr mich nicht mehr –

SMITH Sind ja schon weg. Na, wie steht's? *(Macht eine fragende Gebärde.)*

MAC Vierhundert.

SMITH *(geht achselzuckend ab)*.

MAC *(nachrufend)* Ich muß Brown sprechen.

SMITH *(kommt mit Konstablern)* Die Seife* habt ihr?

Erhöht Gleit-
fähigkeit des
Galgenstricks

EINER Aber nicht die richtige.

SMITH Ihr werdet doch in zehn Minuten das Ding aufstel-
5   len können.

EINER Aber die Fußklappe* funktioniert doch nicht.

Mechanismus
am Galgen

SMITH Es muß gehen, es hat doch schon zum zweitenmal
geläutet.

EINER Das ist ein Saustall.

10 Nr. 18. ZWEITE STROPHE.

MAC *(singt die zweite Strophe der Epistel):*
Jetzt kommt und seht, wie es ihm dreckig geht,
Jetzt ist er wirklich, was man pleite nennt.
Die ihr als oberste Autorität
15 Nur eure schmierigen Gelder anerkennt,
Seht, daß er euch nicht in die Grube fährt!
Ihr müßtet gleich zur Königin und in Haufen
Und müßtet mit ihr über ihn was sprechen.
Wie Schweine eines hinterm andern laufen,
20 Ach, seine ⌐Zähne sind schon lang wie Rechen⌐.
Wollt ihr, daß seine Marter ewig währt?

*(Smith und Konstabler bringen einen Tisch mit Spar-
gel.)*

SMITH Sind die Spargel weich?

25 KONSTABLER Jawohl. *(Ab.)*

BROWN *(erscheint und tritt zu Smith)* Smith, was will er
von mir? Das ist gut, daß Sie mit dem Tisch auf mich
gewartet haben. Wir wollen ihn gleich mit hinein nehmen, wenn wir zu ihm gehen, damit er sieht, was für eine
30 Gesinnung wir gegen ihn haben. *(Sie treten beide mit
dem Tisch in die Zelle. Smith ab. Pause.)* Hallo, Mac.

Da sind die Spargel. Willst du nicht ein wenig zu dir nehmen?

MAC Bemühen Sie sich nicht, Herr Brown, es gibt andere Leute, die mir die letzten Ehren erweisen.

BROWN Ach, Mackie!

MAC Ich bitte um die Abrechnung! Sie erlauben, daß ich währenddessen esse. Es ist schließlich mein letztes Essen. *(Ißt.)*

BROWN Mahlzeit. Ach, Mac, du triffst mich wie mit einem glühenden Eisen.

MAC Die Abrechnung, Herr, bitte, die Abrechnung. Keine Sentimentalitäten.

BROWN *(zieht seufzend ein kleines Büchlein aus der Tasche)* Ich habe sie mitgebracht, Mac. Hier ist die Abrechnung vom letzten Halbjahr.

MAC *(schneidend)* Ach, Sie sind nur gekommen, um Ihr Geld hier noch herauszuholen.

BROWN Aber du weißt doch, daß das nicht so ist ...

MAC Bitte, Sie sollen nicht zu kurz kommen. Was schulde ich Ihnen? Aber bitte, legen Sie spezifizierte Rechnung ab. Das Leben hat mich mißtrauisch gemacht ... Gerade Sie werden das am besten verstehen können.

BROWN Mac, wenn du so sprichst, kann ich gar nichts denken.

(Man hört hinten schweres Klopfen.)

SMITH So, das hält.

MAC Die Abrechnung, Brown.

BROWN Also bitte – wenn du durchaus willst, da sind also erstens die Summen für die Ergreifung von Mördern, die du oder deine Leute ermöglicht haben. Du hast von der Regierung ausbezahlt bekommen im ganzen ...

MAC Für drei Fälle à vierzig Pfund, macht hundertzwanzig Pfund. Ein Viertel für Sie würde also dreißig Pfund betragen, welche wir Ihnen also schulden.

BROWN Ja – ja – aber ich weiß wirklich nicht, Mac, ob wir
die letzten Minuten ...

MAC Bitte, lassen Sie doch dieses Gewäsch, ja? Dreißig
Pfund. Und für den in Dover* acht Pfund.

Südostengl.
Hafenstadt

5 BROWN Wieso nur acht Pfund, da war doch ...

MAC Glauben Sie mir oder glauben Sie mir nicht? Sie bekommen also aus den Abschlüssen des letzten halben
Jahres achtundneunzig Pfund*.

Rechnerisch
aber nur:
38 Pfund

BROWN *(laut aufweinend)* Ein ganzes Leben ... habe ich
10 dir ...

BEIDE Alles von den Augen abgelesen.

MAC Drei Jahre in Indien – ⌐George war darunter und Jim
war dabei¬ – fünf Jahre in London, und das ist der Dank.
(Indem er andeutet, wie er als Gehängter aussehen wird)
15 Hier hängt Macheath, der keine Laus gekränkt. Ein fal-
scher Freund hat ihn am Bein gekriegt. An einem ⌐klaf-
terlangen¬ Strick gehängt, spürt er am Hals, wie schwer
sein Hintern wiegt.

BROWN Mac, wenn du mir so kommst ... Wer meine Ehre
20 angreift, greift mich an.

MAC Deine Ehre ...

BROWN Ja, meine Ehre. Smith, anfangen! Leute hereinlassen! *(Zu Mac)* Entschuldige mich, bitte.
(Leute werden hereingelassen: Peachum, Frau Pea-
25 *chum, Polly, Lucy, die Huren, der Pfarrer, Matthias und*
Jakob.)

JENNY Man hat uns nicht hereinlassen wollen. Aber ich
habe ihnen gesagt: Wenn ihr eure Dreckkübel von Köp-
fen nicht wegtut, dann werdet ihr die Spelunkenjenny
30 schon kennenlernen.

PEACHUM Ich bin sein Schwiegervater. Bitte um Verzei-
hung, welcher von den Anwesenden ist hier Herr Macheath?

MAC *(stellt sich vor)* Macheath.

PEACHUM *(vorbei am Käfig, stellt sich wie alle Nachfolgenden rechts auf.)* Das Geschick, Herr Macheath, hat es gefügt, daß Sie, ohne daß ich Sie kenne, mein Schwiegersohn sind. Der Umstand, der mich Sie zum erstenmal sehen läßt, ist ein sehr trauriger. *(Polly geht weinend am* 5 *Käfig vorbei, stellt sich rechts auf.)*

MAC Was für ein hübsches Kleid du anhast.
(Matthias und Jakob kommen am Käfig vorbei, stellen sich rechts auf.)

MAC Hast du Geld bekommen? 10

MATTHIAS Nein.

MAC Was sagen meine Leute? Haben Sie gute Plätze?

MATTHIAS Sehen Sie, Captn, wir dachten, Sie verstehen uns. Sehen Sie, eine Krönung, das ist ja auch nicht alle Tage. Die Leute müssen verdienen, wenn sie können. Sie 15 lassen grüßen.

JAKOB Herzlichst grüßen.

FRAU PEACHUM *(tritt an den Käfig, stellt sich rechts auf)* Herr Macheath, wer hätte das gedacht, als wir damals vor einer Woche im Tintenfischhotel einen kleinen Step 20 tanzten.

MAC Ja, einen kleinen Step.

Geh. für: auf dieser Erde FRAU PEACHUM Aber die Geschicke hienieden* sind grausam.

BROWN *(hinten zum Pfarrer)* Und mit diesem Menschen 25 habe ich in ⌈Asserbeidschan⌉ Schulter an Schulter im heftigsten Feuerkampf gestanden.

JENNY *(kommt an den Käfig)* Wir in Drury Lane sind ganz außer uns. Kein Mensch ist zur Krönung gegangen. Alle wollen dich sehen. *(Stellt sich rechts auf.)* 30

MAC Mich sehen?

SMITH Na, also los. Sechs Uhr. *(Läßt ihn aus dem Käfig.)*

MAC Wir wollen die Leute nicht warten lassen. Meine Damen und Herren, ich verabschiede mich hiermit von Ihnen und danke Ihnen, daß Sie gekommen sind. Einige 35

von Ihnen sind mir sehr nahe gestanden. Daß Jenny
mich angegeben haben soll, erstaunt mich sehr. Es ist ein
deutlicher Beweis dafür, daß die Welt sich gleich bleibt.
Das Zusammentreffen einiger unglücklicher Umstände
5   hat mich zu Fall gebracht. Gut – ich falle.

Nr. 19. ⌜GRABSCHRIFT⌝.

Ballade, in der Macheath jedermann Abbitte leistet.

Ihr Menschenbrüder, die ihr nach uns lebt,
Laßt euer Herz nicht gegen uns verhärten
10   Und lacht nicht, wenn man uns zum Galgen hebt,
Ein dummes Lachen hinter euren Bärten.
Und flucht auch nicht, und sind wir auch gefallen,
Seid nicht auf uns erbost wie das Gericht:
Gesetzten Sinnes sind wir alle nicht –
15   Ihr Menschen, lasset allen Leichtsinn fallen,
Ihr Menschen, laßt euch uns zur Lehre sein
Und bittet Gott, er möge mir verzeih'n.

Der Regen wäscht uns ab und wäscht uns rein
Und wäscht das Fleisch, das wir zu gut genährt,
20   Und die zuviel geseh'n und mehr begehrt,
Die Raben hacken eure Augen ein.
Und niemals sind wir fest gehängt und wiegen
Bald hin, bald her, ganz wie aus Übermut,
Zerpickt von einer gier'gen Vögelbrut,
25   Wie Pferdeäpfel, die am Wege liegen.
Ach, Brüder, laßt euch uns zur Warnung sein,
Und bittet Gott, er möge uns verzeih'n.

Die Mädchen, die die Brüste zeigen,
Um leichter Männer zu erwischen,

Die Burschen, die nach ihnen äugen,
Um ihren Sünderlohn zu fischen,
Die Lumpen, Huren, Hurentreiber,
Die Tagediebe, Vogelfreien*,
Die Mordgesellen, ⌐Abtrittsweiber¬,   5
Ich bitte Sie, mir zu verzeihen.

Nicht so die Polizistenhunde,
Die jeden Abend, jeden Morgen
Nur Rinde* gaben meinem Munde,
Auch sonst verursacht Mühen und Sorgen,   10
Ich könnte sie ja jetzt verfluchen,
Doch will ich heute nicht so sein,
Um weitere Händel* nicht zu suchen,
Bitt' ich auch sie, mir zu verzeihen.

Man schlage ihnen ihre Fressen   15
Mit schweren Eisenhämmern ein.
Im übrigen will ich vergessen
Und bitte sie, mir zu verzeihen.

SMITH Bitte, Herr Macheath.
FRAU PEACHUM Polly und Lucy, steht eurem Manne bei in   20
seiner letzten Stunde.
MAC Meine Damen, was auch immer zwischen uns ...
SMITH *(führt ihn ab)* Vorwärts!

Nr. 19a. GANG ZUM GALGEN.

(Alle ab durch Türe links. Diese Türen sind in den Projek- 25
tionsflächen. Kommen auf der anderen Seite von der
Bühne wieder herein, wenn Macheath oben auf dem Gal-
gen steht.)

Recht- und
Schutzlosen

Harte Schicht
von Käse oder
Brot

Streit

PEACHUM Verehrtes Publikum, wir sind so weit.
   Und Herr Macheath wird aufgehängt.
   Denn in der ganzen Christenheit,
   Da wird dem Menschen nichts geschenkt.

5   Damit ihr aber nun nicht denkt,
   Das wird von uns auch mitgemacht,
   Wird Herr Macheath nicht aufgehängt,
   Sondern wir haben uns einen anderen Schluß
                              ausgedacht,

10   Damit ihr wenigstens in der Oper seht,
   Wie einmal Gnade vor Recht ergeht.
   Und darum wird, weil wirs gut mit euch meinen,
   Jetzt der reitende Bote des Königs erscheinen.

   Projektion: »Auftauchen des reitenden Boten«.

15 Nr. 20. DRITTES DREIGROSCHEN-FINALE.

CHOR Horch, wer kommt usw.
   Des Königs reitender Bote kommt usw.
BROWN Anläßlich ihrer Krönung befiehlt die Königin, daß
   der Captn Macheath sofort freigelassen wird, *(Alle ju-*
20   *beln.)* Gleichzeitig wird er hiermit in den erblichen Adel-
   stand erhoben *(Jubel)* und ihm das Schloß Marmarel*   Von Brecht
   sowie eine Rente von zehntausend Pfund bis zu seinem   erfundener
   Lebensende überreicht. Den anwesenden Brautpaaren   Name
   läßt die Königin ihre königlichen Glückwünsche sen-
25   den.
MAC Gerettet, gerettet! Ja, ich fühl' es, wo die Not am
   größten, ist die Hilfe am nächsten.
POLLY Gerettet, mein lieber Macheath ist gerettet. Ich bin
   sehr glücklich.

FRAU PEACHUM So wendet alles sich am End' zum Glück.
So leicht und friedlich wäre unser Leben, wenn die reitenden Boten des Königs immer kämen.

PEACHUM Drum bleibt alle stehen, wo ihr steht, und singt
den Choral der Ärmsten der Armen, deren schwieriges 5
Leben ihr heut' dargestellt habt, denn in Wirklichkeit ist
gerade ihr Ende schlimm. Die reitenden Boten des Königs kommen sehr selten, und die getreten werden, treten wieder. Darum sollte man das Unrecht nicht zu sehr
verfolgen. 10

(Projektion: Text der nachfolgenden Strophe.)

ALLE *(singen zur Orgel, nach vorn gehend):*
Verfolgt das Unrecht nicht zu sehr, in Bälde
Erfriert es schon von selbst, denn es ist kalt.
Bedenkt das Dunkel und die große Kälte 15
In diesem ⌜Tale, das von Jammer schallt⌝.

Ende.

Anhang

Selbstaussagen Bertolt Brechts zu
Die Dreigroschenoper

Einführung
»Die Dreigroschenoper«

Die »Dreigroschenoper«, in England durch zwei Jahrhunderte unter dem Titel »The Beggar's Opera« in allen englischen Theatern gespielt, führt in das Milieu von den Verbrechervorstädten Londons, Soho und Whitechapel, die vor zweihundert Jahren so wie heute die Zufluchtsstätte der ärmsten und nicht immer durchsichtigsten Schichten der Londoner Bevölkerung waren. Herr Jonathan Peachum schlägt aus dem Elend auf seine originelle Weise Kapital, indem er gesunde Menschen künstlich zu Krüppeln herausstaffiert und sie betteln schickt, um aus dem Mitleid der wohlhabenden Stände seinen Profit zu ziehen. Er tut das keineswegs aus angeborener Schlechtigkeit. »Ich befinde mich auf der Welt in Notwehr«, das ist sein Grundsatz, der ihn in allen seinen Handlungen zur schärfsten Entschiedenheit zwingt. Er hat in der Londoner Verbrecherwelt nur einen ernsthaften Gegner, und das ist der junge, von den Dämchen vergötterte Gentleman Macheath. Dieser hat Peachums Tochter Polly entführt und auf eine ganz groteske Weise in einem Pferdestall geheiratet. Als Peachum von der Heirat mit seiner Tochter erfährt – die ihn nicht so sehr aus moralischen Gründen schmerzt wie aus sozialen –, beginnt er einen Krieg auf Tod und Leben mit Macheath und seiner Gaunerplatte, dessen Hin und Her den Inhalt der »Dreigroschenoper« bildet. Aber schließlich wird Macheath in des Wortes wirklichster Bedeutung vom Galgen herab gerettet, und in einem großen, etwas parodistischen Opernschluß geht die ganze Affäre gut aus.

»The Beggar's Opera« wurde im Jahre 1728 zum erstenmal im Lincoln's Inn Theatre aufgeführt. Der Titel bedeutet nicht etwa, wie manche deutsche Übersetzer geglaubt haben: »Die Bettleroper«, d. h. eine Oper, in der eben Bettler vorkommen, sondern »Des Bettlers Oper«, d. h. eine Oper für Bettler. »The Beggar's Opera«, auf Anregung des großen Jonathan Swift verfaßt, war eine Händel-Travestie und hatte, wie berichtet wird, den großartigen Erfolg, daß Händels Theater ruiniert wurde. Da uns heute ein so großer Anlaß zur Parodie wie die Händelsche Oper fehlt, wurde jede Absicht zu parodieren aufgegeben: die Musik ist vollständig neu komponiert. *Nicht* fehlen uns Heutigen die soziologischen Anlässe von »The Beggar's Opera«: wie vor zweihundert Jahren haben wir eine Gesellschaftsordnung, in der so ziemlich alle Schichten der Bevölkerung, allerdings auf die allerverschiedenste Weise, moralische Grundsätze berücksichtigen, indem sie nicht *in* Moral, sondern natürlich *von* Moral leben. Formal stellt die »Dreigroschenoper« den Urtypus einer Oper dar: sie enthält die Elemente der Oper und die Elemente des Dramas.

1928

»Dreigroschenoper« [I]

Ich verstehe nichts vom Operettengewerbe und man sollte keine Kunst in dasselbe investieren.
Was die »Dreigroschenoper« betrifft, so ist sie – wenn nichts anderes – eher ein Versuch, der völligen Verblödung der *Oper* entgegenzuwirken. Die Oper scheint mir bei weitem dümmer, wirklichkeitsferner und in der Gesinnung niedriger als die Operette.

1929

Anmerkungen zur »Dreigroschenoper«

Das Lesen von Dramen
Es besteht kein Grund, das Motto des John Gay für seine
»Beggar's Opera« »Nos haec novimus esse nihil« für die
»Dreigroschenoper« zu ändern. Was ihren Abdruck in den
»Versuchen« betrifft: er bringt kaum mehr als das Souf-
flierbuch eines den Theatern völlig überlieferten Stückes,
wendet sich also eher an den Fachmann als an den Genie-
ßer. Wobei zu sagen ist, daß eine Umwandlung von mög-
lichst vielen Zuschauern oder Lesern in Fachleute durch-
aus anzustreben ist – sie ist auch im Gange.
Die »Dreigroschenoper« befaßt sich mit den bürgerlichen
Vorstellungen nicht nur als Inhalt, indem sie diese darstellt,
sondern auch durch die Art, wie sie sie darstellt. Sie ist eine
Art Referat über das, was der Zuschauer im Theater vom
Leben zu sehen wünscht. Da er jedoch gleichzeitig auch
einiges sieht, was er nicht zu sehen wünscht, da er also seine
Wünsche nicht nur ausgeführt, sondern auch kritisiert
sieht (er sieht sich nicht als Subjekt, sondern als Objekt), ist
er prinzipiell imstande, dem Theater eine neue Funktion zu
erteilen. Da aber das Theater selber seiner Umfunktionie-
rung Widerstand entgegensetzt, ist es gut, wenn der Zuschauer Dramen, die nicht nur den Zweck verfolgen, auf
dem Theater aufgeführt zu werden, sondern auch den, es
zu verändern, selber liest: aus Mißtrauen gegen das Theater. Wir haben heute das absolute Primat des Theaters über
die dramatische Literatur. Das Primat des Theaterappa-
rates ist das Primat der Produktionsmittel. Der Theaterap-
parat widersteht seinem Umbau für andere Zwecke dadurch, daß er, mit dem Drama zusammentreffend, dieses
sofort verändert, so daß es in ihm keineswegs ein Fremd-
körper bleibt – außer an Punkten, wo es sich selber erledigt.
Die Notwendigkeit, die neue Dramatik richtig zu spielen –
wichtiger für das Theater als für die Dramatik –, wird da-

durch abgeschwächt, daß das Theater *alles* spielen kann: es »theatert« alles »ein«. Selbstverständlich hat dies Primat wirtschaftliche Gründe.

Titel und Tafeln

Die Tafeln, auf welche die Titel der Szenen projiziert werden, sind ein primitiver Anlauf zur *Literarisierung des Theaters*. Diese Literarisierung des Theaters muß, wie überhaupt die Literarisierung aller öffentlichen Angelegenheiten, in größtem Ausmaß weiterentwickelt werden.

Die Literarisierung bedeutet das Durchsetzen des »Gestalteten« mit »Formuliertem«, gibt dem Theater die Möglichkeit, den Anschluß an andere Institute für geistige Tätigkeit herzustellen, bleibt aber einseitig, solange sich nicht auch das Publikum an ihr beteiligt und durch sie »oben« eindringt.

Gegen die Titel ist vom Standpunkt der Schuldramatik aus geltend zu machen, daß der Stückeschreiber alles zu Sagende in der Handlung unterzubringen habe, daß die Dichtung aus sich heraus alles ausdrücken müsse. Dies entspricht einer Haltung des Zuschauers, in der er nicht über die Sache denkt, sondern aus der Sache heraus. Aber diese Manier, alles einer Idee unterzuordnen, die Sucht, den Zuschauer in eine einlinige Dynamik hineinzuhetzen, wo er nicht nach rechts und links, nach unten und oben schauen kann, ist vom Standpunkt der neueren Dramatik aus abzulehnen. Auch in die Dramatik ist die Fußnote und das vergleichende Blättern einzuführen.

Das komplexe Sehen muß geübt werden. Allerdings ist dann beinahe wichtiger als das Imflußdenken das Überdenflußdenken. Außerdem erzwingen und ermöglichen die Tafeln vom Schauspieler einen neuen Stil. Dieser Stil ist *der epische Stil*. Beim Ablesen der Tafelprojektionen nimmt der Zuschauer die Haltung des Rauchend-Beobachtens ein. Durch eine solche Haltung erzwingt er ohne weiteres ein besseres und anständigeres Spiel, denn es ist aussichtslos, einen rauchenden Mann, der also hinlänglich mit sich selbst beschäftigt ist, »in den Bann ziehen« zu wollen. Sehr rasch hätte man so ein Theater voll von Fachleuten, wie man Sporthallen voll von Fachleuten hat. Unmöglich, daß solchen Leuten die Schauspieler jene elenden paar Pfund Mimik vorzusetzen wagten, die sie heute in ein paar Proben ohne jedes Nachdenken »irgendwie« zurechtmachen! Niemals würde ihnen ihr Stoff in solch rohem Zustand, so unverarbeitet abgenommen. Der Schauspieler müßte jene Vorgänge, die durch die Titel schon angezeigt, also ihrer stofflichen Sensation schon beraubt sind, ganz anders auffällig machen.

Leider steht zu fürchten, daß Titel und Raucherlaubnis doch nicht ganz genügen, um das Publikum zu einer ergiebigeren Benutzung des Theaters zu bringen.

Die Hauptpersonen

Der Charakter des *Jonathan Peachum* darf nicht auf die gewöhnliche Formel »Geizhals« gebracht werden. Er hält nichts von Geld. Ihm, der alles bezweifelt, was Hoffnung erwecken könnte, erscheint auch das Geld als ein ganz unzulängliches Verteidigungsmittel. Er ist zweifellos ein Schurke, und zwar ein Schurke im Sinn älteren Theaters. Sein Verbrechen besteht in seinem Weltbild. Dieses Weltbild ist in seiner Scheußlichkeit würdig, neben die Leistungen irgendeines anderen der großen Verbrecher gestellt zu werden, und doch folgt er nur dem »Zug der Zeit«, wenn er Elend als Ware betrachtet. Praktisch gesprochen: Peachum wird etwa das Geld, das er Filch in der ersten Szene abnimmt, durchaus nicht in einer Kassette verschließen, sondern es einfach in die Hosentasche stecken: er kann weder durch dieses Geld noch durch anderes gerettet werden. Es ist Gewissenhaftigkeit von ihm und beweist seine allgemeine Hoffnungslosigkeit, daß er es nicht einfach wegwirft, er kann nicht das Geringste wegwerfen. Über eine Million Schillinge würde er nicht anders denken. Nach seiner Meinung reicht weder sein Geld (auch nicht alles Geld der Welt) noch sein Kopf aus (und auch alle Köpfe der Welt reichen nicht aus). Dies ist auch der Grund, weshalb er nicht arbeitet, sondern mit einem Hut auf dem Kopf und die Hände in den Hosentaschen durch sein Geschäft läuft, lediglich kontrollierend, daß nichts wegkommt. Kein wirklich Geängstigter arbeitet. Es ist nicht kleinlich von ihm, wenn er die Bibel auf seinem Pult an eine Kette schließt aus Furcht, sie könne gestohlen werden. Er betrachtet seinen Schwiegersohn niemals, vor er ihn an den Galgen gebracht hat, da kein persönlicher Wert irgendeiner Art denkbar wäre, der ihn zu einer anderen Haltung gegenüber einem Mann verlocken könnte, der ihm seine Tochter wegnimmt. Die sonstigen Verbrechen des Mackie Messer sind ihm nur insofern interessant, als sie ihm eine Handhabe für seine Erledigung bieten. Was seine Tochter betrifft, so ist sie wie die Bibel: nichts als eine Hilfsquelle. Dies wirkt weniger abstoßend als erschütternd, wenn man jenen Grad der Verzweiflung erwägt, bei dem von den Dingen der Welt nur mehr jener kleinste Teil verwendbar wird, der einen Untergehenden retten könnte.

Der Räuber Macheath ist vom Schauspieler darzustellen als bürgerliche Erscheinung. Die Vorliebe des Bürgertums für Räuber erklärt sich aus dem Irrtum: ein Räuber sei kein Bürger. Dieser Irrtum hat als Vater einen anderen Irrtum: ein Bürger sei kein Räuber. So ist also kein Unterschied? Doch: ein Räuber ist manchmal kein Feigling. Die Assoziation »friedfertig«, die dem Bürger auf dem Theater anhaftet, wird wieder hergestellt durch die Abneigung des Geschäftsmannes Macheath gegen Blutvergießen, wo es nicht – zur Führung des Geschäftes – unbedingt nötig ist. Die Einschränkung des Blutvergießens auf ein Minimum, seine Rationalisierung ist Geschäftsprinzip: im Notfall legt Herr Macheath Beweise außerordentlicher Fechtkunst ab. Er weiß, was er seinem Rufe schuldig ist: eine gewisse Romantik dient, wenn gesorgt wird, daß sie sich herumspricht, dieser oben erwähnten Rationalisierung. Er sieht streng darauf, daß sämtliche kühnen oder zumindest Schrecken einflößenden Taten seiner Untergebenen ihm selber zugeschrieben werden, und duldet sowenig wie ein Hochschulprofessor, daß seine Assistenten eine Arbeit selbst zeichnen. Frauen gegenüber wirkt er weniger als der schöne Mann, weit mehr als der gutsituierte Mann. Englische Originalzeichnungen zur »Beggar's Opera« zeigen einen etwa vierzigjährigen untersetzten, aber stämmigen Mann mit einem Kopf wie ein Rettich, schon etwas kahl, nicht ohne Würde. Er ist durchaus gesetzt, hat überhaupt keinen Humor, und seine Solidität spricht sich schon dadurch aus, daß er sein geschäftliches Augenmerk, mehr noch als auf die Beraubung Fremder, auf die Ausbeutung seiner Angestellten richtet. Mit den Hütern der öffentlichen Ordnung steht er sich, selbst wenn dies Kosten verursacht, gut, und dies nicht *nur* aus Gründen seiner eigenen Sicherheit – sein praktischer Sinn sagt ihm, daß seine eigene Sicherheit und die Sicherheit dieser Gesellschaft innigst verknüpft sind. Eine Maßnahme gegen die öffentliche Ordnung, wie sie Peachum zum Beispiel der Polizei androht, würde Herrn Macheath tiefsten Abscheu erregen. Sein Verkehr mit den Damen von Turnbridge bedarf seiner eigenen Ansicht nach sicherlich einer Entschuldigung, jedoch reicht zu dieser Entschuldigung die besondere Art seines Geschäfts aus. Den rein geschäftlichen Verkehr hat er gelegentlich zu Zwecken der Erheiterung ausgenützt, wozu er als Junggeselle in gemäßigtem Umfange berechtigt ist; was jedoch diese intime Seite betrifft, so schätzt er seine regelmäßigen und mit pedantischer Pünktlichkeit eingehaltenen Besuche in einem bestimmten Turnbridger Kaffeehaus hauptsächlich, weil sie *Gewohnheiten* sind, die zu pflegen und mehren beinahe das Hauptziel seines eben bürgerlichen Lebens darstellt.

Jedenfalls darf der Darsteller des Macheath dieses Aufsuchen eines öffentlichen Hauses unter keinen Umständen als Ausgangspunkt seiner Charakterisierung wählen. Er ist einer der nicht seltenen, dennoch unverständlichen Fälle bürgerlicher Dämonie.

Seinen eigentlichen geschlechtlichen Bedarf deckt Macheath natürlich am liebsten, wo er damit gewisse Annehmlichkeiten häuslicher Art vereinen kann, also bei Frauen, die nicht ganz unvermögend sind. In seiner Ehe sieht er eine Sicherung seines Geschäftes. Vorübergehende Abwesenheit von der Hauptstadt macht sein Beruf, sowenig er sie schätzen mag, unvermeidbar, und seine Angestellten sind sehr unzuverlässig. In seine Zukunft blickend, sieht er sich keineswegs am Galgen, sondern an einem ruhigen und ihm gehörenden Fischwasser.

Die Darstellerin der *Polly Peachum* tut gut, die vorstehende Charakteristik des Herrn Peachum zu studieren: sie ist seine Tochter.

Der Polizeipräsident *Brown* ist eine sehr moderne Erscheinung. Er birgt in sich zwei Persönlichkeiten: als Privatmann ist er ganz anders als ein Beamter. Und dies ist nicht ein Zwiespalt, trotz dem er lebt, sondern einer, durch den er lebt. Und mit ihm lebt die ganze Gesellschaft durch diesen seinen Zwiespalt. Als Privatmann würde er sich niemals zu dem hergeben, was er als Beamter für seine Pflicht hält. Als Privatmann könnte (und müßte) er keiner Fliege ein Haar krümmen ... Seine Liebe zu Macheath ist also durchaus echt, gewisse geschäftliche Vorteile, die ihr entspringen, können diese Liebe nicht verdächtigen: das Leben beschmutzt eben alles ...

Winke für Schauspieler[*]

Der Zuschauer soll nicht auf den Weg der Einfühlung verwiesen werden, was die Übermittlung des Stoffes betrifft, sondern zwischen dem Zuschauer und dem Schauspieler findet ein Verkehr statt, und bei aller Fremdheit und allem Abstand wendet der Schauspieler sich doch letzten Endes direkt an den Zuschauer. Dabei soll der Schauspieler dem Zuschauer über die Figur, die er darzustellen hat, mehr erzählen, als »in seiner Rolle steht«. Er muß natürlich jene Haltung einnehmen, durch die es sich der Vorgang bequem macht. Er muß jedoch auch noch Beziehungen zu anderen Vorgängen als denen der Fabel eingehen können, also nicht nur die Fabel bedienen. Die Polly ist etwa in einer Liebesszene mit Macheath nicht nur die Geliebte des Macheath, sondern auch die Tochter des Peachum, und immer nicht nur Tochter, sondern auch die Angestellte ihres Vaters. Ihre Beziehungen zum Zuschauer müssen beinhalten ihre Kritik der landläufigen Vorstellungen des Zuschauers über Räuberbräute und Kaufmannstöchter usf.

1) Die Schauspieler sollten es vermeiden, diese Banditen als eine Rotte jener traurigen Individuen mit roten Halstüchern hinzustellen, die die Rummelplätze beleben und mit denen kein anständiger Mensch ein Glas Bier trinken würde. Es sind natürlich gesetzte Männer, teilweise beleibt und ohne Ausnahme außerhalb ihres Berufes umgänglich. (S. 241; dieser Seitenverweis und die folgenden Seitenverweise beziehen sich auf: GBA 2)

2) Die Schauspieler können hier die Nützlichkeit bürgerlicher Tugenden und die innige Beziehung zwischen Gemüt und Gaunerei zeigen. (S. 241)

3) Es ist zu zeigen, welche brutale Energie ein Mann aufwenden muß, um einen Zustand zu schaffen, in dem eine

---

[*] Vgl. Versuch 5, »Über die Oper«.

menschenwürdige Haltung (die eines Bräutigams) möglich ist. (S. 242)

4) Zu zeigen ist die Ausstellung der Braut, ihrer Fleischlichkeit, im Augenblick der endgültigen Reservierung. Zu dem Zeitpunkt nämlich, wo das Angebot aufzuhören hat, muß die Nachfrage noch einmal auf die Spitze getrieben werden. Die Braut wird allgemein begehrt, der Bräutigam »macht dann das Rennen«. Es handelt sich also um ein durchaus theatralisches Ereignis. Zu zeigen ist auch, daß die Braut sehr wenig ißt. Wie oft sieht man die zartesten Wesen ganze Hühner und Fische hineinschlingen, Bräute niemals. (S. 245)

5) Die Schauspieler brauchen sich bei dem Zeigen solcher Dinge wie des Peachumgeschäftes nicht allzusehr um den gewöhnlichen *Fortgang der Handlung* zu kümmern. Allerdings dürfen sie nicht ein Milieu, sondern müssen sie einen Vorgang geben. Der Darsteller eines dieser Bettler muß das Auswählen eines passenden und effektvollen Holzbeines (er prüft ein solches, legt es wieder beiseite, prüft ein anderes und greift dann zum ersten zurück) so zeigen wollen, daß eigens dieser Nummer wegen Leute sich vornehmen, zu dem Zeitpunkt, wo sie stattfindet, noch einmal das Theater aufzusuchen, und nichts steht dem im Wege, daß das Theater auf den Tafeln des Hintergrundes diese Nummer dann anzeigt! (S. 258)

6) Es ist absolut wünschenswert, daß Fräulein Polly Peachum vom Zuschauer als tugendhaftes und angenehmes Mädchen empfunden wird. Hat sie in der zweiten Szene ihre jeder Berechnung ferne Liebe bewiesen, so zeigt sie jetzt jene praktische Veranlagung, ohne welche die erstere gewöhnlicher Leichtsinn wäre. (S. 265)

7) Diese Damen sind im ungestörten Besitz ihrer Produktionsmittel. Gerade deshalb aber dürfen sie nicht den Eindruck erwecken, als wären sie frei. Für sie hat die Demokratie nicht jene Freiheit, die sie für alle hat, denen die Produktionsmittel genommen werden können. (S. 269)

8) Die Darsteller des Macheath, die in der Darstellung des Todeskampfes keinerlei Hemmung zeigen, weigern sich hier gewöhnlich, diese dritte Strophe zu singen: Sie würden selbstverständlich eine tragische Formulierung des Geschlechtlichen nicht zurückweisen. Aber das Geschlechtliche in unserer Zeit gehört unzweifelhaft in den Bezirk des Komischen, denn das Geschlechtsleben steht in einem Widerspruch zu dem gesellschaftlichen Leben, und dieser Widerspruch ist komisch, weil er historisch, d. h. durch eine andere Gesellschaftsordnung lösbar ist. Der Schauspieler muß also eine solche Ballade komisch bringen. Die Darstellung des Geschlechtslebens auf der Bühne ist sehr wichtig, schon weil dabei immer ein primitiver Materialismus auftritt. Das Künstliche und Vergängliche aller gesellschaftlichen Überbauten wird sichtbar. (S. 272)

9) Diese Ballade enthält, wie auch andere Balladen der »Dreigroschenoper«, einige Zeilen François Villons in der Übersetzung K.L. Ammers. Für den Schauspieler lohnt es sich, die Ammersche Übersetzung nachzulesen, damit er sieht, welches die Unterschiede zwischen einer Ballade zum Singen und einer zum Lesen sind. (S. 275)

10) Diese Szene ist eine Einlage für solche Darstellerinnen der Polly, welche die Begabung der Komik besitzen. (S. 294)

11) Im Kreise laufend kann der Darsteller des Macheath hier in seinem Käfig alle Gangarten wiederholen, die er bisher dem Publikum vorgeführt hat. Den frechen Schritt des Verführers, den mutlosen des Gehetzten, den überheblichen, den belehrten usw. In dieser kurzen Wanderung kann er alle Haltungen des Macheath während dieser wenigen Tage noch einmal zeigen. (S. 299)

12) Der Schauspieler des epischen Theaters wird zum Beispiel an dieser Stelle sich nicht durch das Bestreben, die Todesangst des Macheath weiterzutreiben und zur beherrschenden Wirkung des ganzen Aktes zu machen, dazu ver-

leiten lassen, etwa die folgende Darstellung *wahrer* Freundschaft unter die Rampe fallen zu lassen. (Wahr ist wahre Freundschaft doch wohl nur, wenn sie begrenzt ist. Der moralische Sieg der beiden wahrsten Freunde des Herrn Macheath wird doch kaum geschmälert durch jene zeitlich später fallende moralische Niederlage dieser beiden Herren, wenn sie bei der Ablieferung ihrer Existenzmittel zur Rettung ihres Freundes sich nicht *genug* beeilen.) (S. 299)

13) Vielleicht findet der Schauspieler eine Möglichkeit, folgendes zu zeigen: Macheath hat die durchaus richtige Empfindung, daß es sich bei seinem Fall um einen grauenvollen Justizirrtum handelt. Tatsächlich würde die Justiz, falls ihr häufiger, als es der Fall ist, *Banditen* zum Opfer fielen, ihr Ansehen vollends verlieren! (S. 302)

Über das Singen der Songs

Indem er singt, vollzieht der Schauspieler einen Funktionswechsel. Nichts ist abscheulicher, als wenn der Schauspieler sich den Anschein gibt, als merke er nicht, daß er eben den Boden der nüchternen Rede verlassen hat und bereits singt. Die drei Ebenen: nüchternes Reden, gehobenes Reden und Singen, müssen stets voneinander getrennt bleiben, und keinesfalls bedeutet das gehobene Reden eine Steigerung des nüchternen Redens und das Singen eine solche des gehobenen Redens. Keinesfalls also stellt sich, wo Worte infolge des Übermaßes der Gefühle fehlen, der Gesang ein. Der Schauspieler muß nicht nur singen, sondern auch einen Singenden zeigen. Er versucht nicht so sehr, den Gefühlsinhalt seines Liedes hervorzuholen (darf man eine Speise andern anbieten, die man selbst schon gegessen hat?), sondern er zeigt Gesten, welche sozusagen die Sitten und Gebräuche des Körpers sind. Zu diesem Zweck benützt er beim Einstudieren am besten nicht die Worte des Textes, sondern landläufige, profane Redensarten, die

Ähnliches ausdrücken, aber in der schnoddrigen Sprache des Alltags. Was die Melodie betrifft, so folgt er ihr nicht blindlings: es gibt ein Gegen-die-Musik-Sprechen, welches große Wirkungen haben kann, die von einer hartnäckigen, von Musik und Rhythmus unabhängigen und unbestechlichen Nüchternheit ausgehen. Mündet er in die Melodie ein, so muß dies ein Ereignis sein; zu dessen Betonung kann der Schauspieler seinen eigenen Genuß an der Melodie deutlich verraten. Gut für den Schauspieler ist es, wenn die Musiker während seines Vortrags sichtbar sind, und gut, wenn ihm erlaubt wird, zu seinem Vortrag sichtbar Vorbereitungen zu treffen (indem er etwa einen Stuhl zurechtrückt oder sich eigens schminkt usf.). Besonders beim Lied ist es wichtig, daß »der Zeigende gezeigt wird«.

Warum zwei Verhaftungen des Macheath und nicht eine?
Diese erste Gefängnisszene ist, aus dem Gesichtswinkel der deutschen Pseudoklassik betrachtet, ein *Umweg*, nach unserer Ansicht ein Beispiel primitiver epischer Form. Sie ist nämlich ein Umweg, wenn man wie diese rein dynamische Dramatik, der Idee das Primat zuerteilend, den Zuschauer ein immer bestimmteres Ziel wünschen macht – was hier der Tod des Helden wäre –, sozusagen eine immer größere Nachfrage nach dem Angebot schafft und, schon um eine starke Gefühlsbeteiligung des Zuschauers zu ermöglichen – Gefühle trauen sich nur auf völlig gesicherte Terrains heraus, vertragen keinerlei Enttäuschung –, eine Zwangsläufigkeit in gerader Linie braucht. *Die epische Dramatik, materialistisch eingestellt*, an Gefühlsinvestierungen ihres Zuschauers wenig interessiert, kennt eigentlich kein Ziel, sondern nur ein Ende und kennt eine andere Zwangsläufigkeit – in der der Lauf nicht nur in gerader Linie, sondern auch in Kurven, ja, sogar in Sprüngen erfolgen kann. Die dynamische, ideell gerichtete, das Individuum behandelnde Dramatik war, als sie ihren Weg begann (bei den

Elisabethanern), in allen für sie entscheidenden Punkten radikaler als 200 Jahre später bei der deutschen Pseudoklassik, welche die Dynamik der Darstellung mit der Dynamik des Darzustellenden verwechselt und sein Individuum schon »geordnet« hat (die heutigen Nachfahren der Nachfahren sind schon nicht mehr zu treffen: die Dynamik der Darstellung hat sich inzwischen in die empirisch gewonnene schlaue Anordnung eines Haufens von Effekten verwandelt, und das Individuum, in voller Auflösung begriffen, wird immer noch aus sich heraus, aber nur mehr zu Rollen vervollständigt – während der spätbürgerliche Roman wenigstens die Psychologie ausgearbeitet hat, wie er glaubt, um das Individuum analysieren zu können – als ob nicht das Individuum schon lang einfach auseinandergefallen wäre). Aber diese große Dramatik war weniger radikal in der Ausmerzung der Materie. Die Konstruktion beseitigte hier nicht die Abweichungen der Individuen von ihrem gradlinigen Lauf, welche »durch das Leben« verursacht werden (hier spielen allerorten noch Beziehungen nach außen herein, zu anderen »nicht vorkommenden« Angelegenheiten, der Ausstich des Spatens ist ein viel größerer), sondern sie verwendet diese Abweichungen als Motoren der Dynamik. Bis in das Individuelle hinein schlägt diese Irritierung, in ihm wird sie überwunden. Die ganze Wucht dieser Dramatik kommt von dem Aufsammeln der Widerstände. Noch bestimmt eben nicht der Wunsch nach einer billigen ideellen Formel die Anordnung der Materie. Hierein lebt ein Etwas jenes Baconschen Materialismus, und auch das Individuum selber hat noch Fleisch und Bein und widerstrebt der Formel. Überall aber, wo es Materialismus gibt, entstehen epische Formen in der Dramatik, im Komischen, das immer materialistischer, »niedriger« eingestellt ist, am meisten und öftesten. Heute, wo das menschliche Wesen als »das Ensemble aller gesellschaftlichen Verhältnisse« aufgefaßt werden muß, ist die epische

Form die einzige, die jene Prozesse fassen kann, welche einer Dramatik als Stoff eines umfassenden Weltbildes dienen. Auch der Mensch, und zwar der fleischliche Mensch, ist nur mehr aus den Prozessen, in denen er und durch die er steht, erfaßbar. Die neue Dramatik muß methodologisch den »Versuch« in ihrer Form unterbringen. Sie muß die Zusammenhänge nach allen Seiten benützen dürfen, sie braucht Statik und hat eine Spannung, die unter ihren Einzelteilen herrscht und diese gegenseitig »lädt«. (Diese Form ist also alles andere eher als eine revuehafte Aneinanderreihung.)

Warum muß der reitende Bote reiten?
Die »Dreigroschenoper« gibt eine Darstellung der bürgerlichen Gesellschaft (und nicht nur »lumpenproletarischer Elemente«). Diese bürgerliche Gesellschaft hat ihrerseits produziert eine bürgerliche Weltordnung, also eine ganz bestimmte Weltanschauung, ohne die sie nicht ohne weiteres auskommt. Das Auftauchen des reitenden Boten des Königs ist, wo das Bürgertum seine Welt dargestellt sieht, ganz unumgänglich. Herr Peachum bemüht, wenn er das schlechte Gewissen der Gesellschaft finanziell ausnützt, nichts anderes. Theaterpraktiker mögen nachdenken, warum nichts dümmer ist, als das *Pferd* des reitenden Boten zu unterschlagen – wie dies beinahe sämtliche modernistischen Regisseure der »Dreigroschenoper« gemacht haben. Bei der Darstellung eines Justizmordes müßte doch, damit der Rolle des Theaters in der bürgerlichen Gesellschaft Genüge getan wird, der Journalist, der die Unschuld des Ermordeten enthüllt, zweifellos von einem Schwan gezogen in den Gerichtssaal einziehen. Sieht man denn nicht, wie taktlos es ist, das Publikum dazu zu verführen, über sich selbst zu lachen, indem man das Auftauchen des reitenden Boten der Heiterkeit preisgibt? Ohne das Auftauchen eines in irgendeiner Form reitenden Boten würde die

bürgerliche Literatur zu einer bloßen Darstellung von Zuständen herabsinken. Der reitende Bote garantiert ein wirklich ungestörtes Genießen selbst an sich unhaltbarer Zustände und ist also eine conditio sine qua non für eine Literatur, deren conditio sine qua non die Folgenlosigkeit ist.

Selbstverständlich ist das dritte Finale mit vollkommenem Ernst und absoluter Würde zu spielen.

1930

Aufbau der »Dreigroschenopern«-Bühne

Eine Bühne für die »Dreigroschenoper« ist um so besser aufgebaut, je größer der Unterschied zwischen ihrem Aussehen beim Spiel und ihrem Aussehen beim Song ist. Die Berliner Aufführung (1928) stellte in den Hintergrund eine große Jahrmarktsorgel, in die auf Stufen die Jazzband eingebaut war und deren bunte Lampen aufglühten, wenn das Orchester arbeitete. Rechts und links von der Orgel waren zwei riesige Leinwandtafeln in roten Samtrahmen aufgestellt, auf welche die *Neher*schen Bilder projiziert wurden. Während der Songs standen auf ihnen groß die Song-Titel, und aus dem Schnürboden gingen Lampen nieder. Um Patina mit Neuheit, Prunk mit Schäbigkeit zu mischen, war dementsprechend der Vorhang ein kleiner, nicht zu sauberer Nesselfetzen, an Blechschnüren auf- und zugezogen. Die Pariser Aufführung (1937) verlegte Prunk und Patina nach vorn. Auf einer roten Samtdraperie mit goldenen Fransen waren seitlich und oben große Karussellampen aufgehängt, welche während der Songs brannten. Der Vorhang war mit Figuren bemalt, mit zwei überlebensgroßen Bettlergestalten, die auf den Titel »Die Dreigroschenoper« zeigten. Ganz vorn, rechts und links, standen Tafeln mit gemalten Bettlerfiguren.

Peachums Bettlergarderobe

Peachums Bettlergarderobe muß so ausgestattet werden, daß dieser eigentümliche Laden dem Zuschauer verständlich wird. Die Pariser Aufführung hatte im Hintergrund zwei Schaufenster, in denen Schaufensterpuppen mit Bettlerrequisiten standen. An einer Holzstellage im Laden hingen, mit weißen Nummern und Täfelchen versehen, Modellkleidungsstücke und spezielle Kopfbedeckungen. Auf einer kleinen, flachen Staffelei standen einzelne zerlumpte Schuhe, ebenfalls numeriert wie Modelle, die man sonst in Museen unter Vitrinen sieht.

Das Moskauer Kammertheater zeigte, wie normale Leute, die Klienten des Herrn Peachum, die Boxen betraten und als schreckliche Wracks sie wieder verließen.

1937

Ein alter Hut

Bei den Pariser Proben meiner »Dreigroschenoper« fiel mir von Anfang an ein junger Schauspieler auf, der den Filch spielte, einen verkommenen Halbwüchsigen, der den Beruf eines qualifizierten Bettlers ergreifen möchte. Er begriff schneller als die meisten anderen, wie man probieren muß, nämlich behutsam, beim Sprechen sich selber zuhörend und der Beobachtung der Zuschauer menschliche Züge vorbereitend, die man selber am Menschen beobachtet hat. Ich war nicht erstaunt, als er sich eines Vormittags ungebeten mit einigen Hauptdarstellern in einem der großen Kostümhäuser einfand, er sagte höflich, er wolle sich einen Hut für seine Rolle aussuchen. Während ich der Hauptdarstellerin half, Kostüme zusammenzustellen, was einige Stunden in Anspruch nahm, beobachtete ich ihn aus den Augenwinkeln bei seiner Hutsuche. Er hatte einiges Personal des Kostümhauses in Arbeit gesetzt und stand bald vor einem großen Haufen von Kopfbedeckungen, nach etwa einer Stunde hatte er zwei Hüte aus dem Haufen ausgesondert und ging nun daran, seine endgültige Wahl zu treffen. Sie kostete ihn eine weitere Stunde. Ich werde nie den Ausdruck von Qual vergessen, der auf seinem verhungerten und ausdrucksvollen Gesicht lag. Er konnte sich einfach nicht entscheiden. Zögernd nahm er den einen Hut auf und betrachtete ihn mit der Miene eines Mannes, der sein letztes, lange aufgespartes Geld in eine verzweifelte Spekulation steckt, von der es kein Zurück mehr gibt. Zögernd legte er ihn zurück, keineswegs wie etwas, was man nie mehr aufnehmen wird. Natürlich, der Hut war nicht vollkommen, aber vielleicht war er der beste der vorhandenen. Andererseits, wenn er der beste war, so war er jedenfalls nicht vollkommen. Und er griff nach dem andern, das Auge noch auf dem, den er weglegte. Dieser andere hatte anscheinend auch Vorzüge, nur, sie lagen auf anderem Gebiete als die Schwächen des einen. Das wohl machte die Wahl so überaus schwierig. Da gab es Nuancen der Verkommenheit, unsichtbar dem fahrlässigen Auge; da war der eine Hut vielleicht einmal neu teuer gewesen, aber nun noch elender als der andere. War Filchs Hut einmal teuer gewesen oder wenigstens teurer als eben dieser andere? Wie sehr mochte er verkommen sein? Hatte Filch ihn geschont bei seinem Abstieg, war er in der Lage gewesen, ihn zu schonen? Oder war es gar ein Hut, den er überhaupt nicht getragen hatte in seiner guten Zeit? Wie lange lag diese gute Zeit zurück? Wie lange dauerte ein Hut? Der Kragen war weg, das war festgestellt in einer schlaflosen Nacht, schmutzige Kragen sind schlimmer als gar keine (großer Gott, stimmt das wirklich?), immerhin, es war festgestellt, die Debatte darüber war geschlossen, die Krawatte war noch da, das war ebenfalls festgestellt, wie konnte da der Hut aussehen? Ich sah ihn die Augen schließen, ihn wie in einen Stehschlaf verfallen. Er nahm noch einmal alle

Stadien des Niedergangs durch, eines nach dem anderen. Und die Augen wieder öffnend, anscheinend ohne Erleuchtung, setzte er mechanisch den Hut auf den Kopf, als ließe er sich so ausprobieren, rein empirisch, und dann fiel sein Blick wieder auf den anderen Hut, de beiseite lag. Seine Hand griff nach ihm, und so stand er lange, den einen Hut auf dem Kopf, den anderen in der Hand, der Künstler, zerrissen von Zweifeln, verzweifelt grabend in seinen Erfahrungen, gequält von der beinahe nicht stillbaren Begierde, den *einzigen* Weg zu finden, wie er seine Figur darstellen konnte, in vier Bühnenminuten alle Schicksale und Eigenschaften seiner Figur, ein Stück Leben. Als ich wieder nach ihm sah, setzte er den Hut, den er aufhatte, mit einer entschlossenen Bewegung ab, drehte sich brüsk auf den Absätzen um und ging zum Fenster. Abwesend schaute er auf die Straße hinab, und erst nach einiger Zeit blickte er wieder, diesmal lässig, fast gelangweilt, nach den Hüten. Er musterte sie aus der Entfernung, kalt, mit einem Minimum an Interesse. Dann, nicht ohne zuvor noch einmal durchs Fenster geschaut zu haben, ging er schlendernd wieder auf die Hüte zu, griff einen von ihnen heraus und warf ihn auf den Tisch, damit man ihn einpacke. Am nächsten Probentag zeigte er mir eine alte Zahnbürste, die aus seiner oberen Jackentasche herauslugte und die zum Ausdruck brachte, daß Filch unter den Brückenbögen die allerunentbehrlichsten Requisiten der Zivilisation nicht aufgab. Diese Zahnbürste bewies mir, daß er mit dem besten Hut, den er auftreiben konnte, keineswegs zufrieden war.
Dies, dachte ich beglückt, ist ein Schauspieler des wissenschaftlichen Zeitalters.

1937

Kommentar

Zeittafel zur Dreigroschenoper

1728   29. Januar: *The Beggar's Opera* von John Gay (1685–1732) wird mit der Musik von John Christopher Pepusch (1667–1752) im Londoner John Rich's Theatre, Lincoln's Inn Fields uraufgeführt.

1897   20. Juni: Elisabeth Hauptmann wird in Peckelsheim/ Westfalen geboren.

1898   10. Februar: Bertolt Brecht wird als Eugen Berthold Friedrich Brecht in Augsburg geboren.

1900   2. März: Kurt Weill wird als Curt Julian Weill in Dessau geboren.

1920   5. Juni: Wiederaufführung der *Beggar's Opera* in der Bearbeitung von Nigel Playfair und Frederic Austin am Lyric Theatre (Hammersmith) in London.

1924   November: Beginn der Zusammenarbeit zwischen Brecht und Elisabeth Hauptmann.

1927   März: Beginn der Zusammenarbeit zwischen Brecht und Weill.

       Winter: Elisabeth Hauptmann beginnt mit einer Rohübersetzung der *Beggar's Opera* für Brecht, nachdem sie von der erfolgreichen Londoner Inszenierung gehört hatte.

1928   März: Der Schauspieler Ernst Josef Aufricht, der im Januar die Leitung des Theaters am Schiffbauerdamm in Berlin übernommen hatte, sucht für die Spielzeit 1928/29 ein Eröffnungsstück. Brecht bietet ihm die noch unfertige Bearbeitung der *Beggar's Opera* an.

       März–Anfang Mai: Brecht und Elisabeth Hauptmann stellen aus der Rohübersetzung die erste Bearbeitungsstufe mit dem Titel *Gesindel* her.

       26. April: Brecht und Weill schließen mit dem Verlag Felix Bloch Erben, Berlin, einen Vertrag über die Bearbeitung der *Beggar's Opera* ab. Weill beginnt Ende April an seiner Musik zu arbeiten.

       Mai–Juni: Wegen Termindrucks reisen Brecht und Weill in das südfranzösische St. Cyr-sur-Mer, wo sich Brecht vom 10. Mai bis 13. Juni aufhält. Weill arbeitet dort mit ihm vom 26. Mai bis 4. Juni. Hier entstehen eine neue Textfassung sowie große Teile der Musik.

Juni: Der Verlag Felix Bloch Erben veröffentlicht diese Bearbeitungsstufe unter dem Titel *The Beggar's Opera / Die Luden-Oper* als hektographiertes Bühnenmanuskript.

18. Juli: In seiner hauseigenen Zeitschrift *Charivari. Für Theater, Musik, Film und Rundfunk* beginnt der Verlag Felix Bloch Erben mit Werbung für das Werk unter dem Titel *Des Bettler's Oper*.

10. August: Beginn der Theaterproben. Die Probenarbeit verläuft unter zum Teil schwierigen Bedingungen, zahlreiche Änderungen, Streichungen und Hinzufügungen sind die Folge. Erst jetzt wird der Titel *Die Dreigroschenoper* benutzt, vermutlich auf einen Vorschlag Marta Feuchtwangers hin.

23. August: Diesen Tag notiert Weill als Abschlussdatum in seine Partitur. Allerdings folgen, parallel zur Probenarbeit am Theater, weitere Änderungen.

25. August: Beginn der Orchesterproben.

31. August: Uraufführung der *Dreigroschenoper* am Berliner Theater am Schiffbauerdamm. Der Programmzettel lautet: »Die Dreigroschenoper / (The Beggar's Opera) / Ein Stück mit Musik in einem Vorspiel und 8 Bildern nach dem / Englischen des John Gay. / (Eingelegte Balladen von François Villon und Rudyard Kipling) / Übersetzung: Elisabeth Hauptmann / Bearbeitung: Brecht / Musik: Kurt Weill / Regie: Erich Engel / Bühnenbild: Caspar Neher / Musikalische Leitung: Theo Mackeben / Kapelle: Lewis Ruth Band.« Mit Harald Paulsen (Macheath), Erich Ponto (Jonathan Jeremiah Peachum), Rosa Valetti (Celia Peachum), Roma Bahn (Polly Peachum), Kurt Gerron (Brown), Kate Kühl (Lucy), Lotte Lenya (Spelunken-Jenny) und Ernst Busch (Moritatensänger, Smith). Wegen des überwältigenden Erfolgs wird das Stück über ein Jahr ununterbrochen gespielt. Zahlreiche Inszenierungen im In- und Ausland folgen nach.

24. September: Der »Kanonen-Song« erscheint als erster in einer Bearbeitung für Gesang und Klavier, herausgegeben von der Universal-Edition A.G. Wien-Leipzig (UE 8847). Fünf weitere Bearbeitungen von Songs folgen nach.

September: Das Label Deutsche Grammophon produziert die erste Schallplatte mit Musik der *Dreigroschenoper*. Paul Godwin und seine Jazz-Symphoniker spielen den »Kanonen-Song« und die »Tango-Ballade« (d.i. die »Zuhälterballade«). Zahlreiche Plattenaufnahmen entstehen zwischen 1928 und 1931.

12. Oktober: Die nach der Uraufführung vorliegende Stückfassung – Resultat der überarbeiteten *Luden-Oper* sowie der praktischen Inszenierungsarbeit – wird von der Universal-Edition und dem Verlag Felix Bloch Erben gemeinsam veröffentlicht unter dem Titel: *Die / Dreigroschenoper / (The Beggar's Opera) / Ein Stück mit Musik in einem Vorspiel / und acht Bildern nach dem Englischen des John Gay. / Übersetzt von Elisabeth Hauptmann / Deutsche Bearbeitung von / Bert Brecht / Musik von / Kurt Weill* (UE 8850). Dies ist der Erstdruck der Textfassung.

27. Oktober: Weills Musik erscheint als Klavierdirektion in 1. Auflage bei der Universal-Edition (UE 8849).

Oktober: Der Gustav Kiepenheuer Verlag, Potsdam, veröffentlicht eine separate Edition *Brecht / Die Songs der / Dreigroschenoper* (ohne Notenbeigabe), die nach zwei Nachauflagen insgesamt 50 000 Exemplare erreicht.

2. November: Weills Musik erscheint als Klavierauszug (hg. v. Norbert Gingold) in 1. Auflage bei der Universal-Edition (UE 8851).

1929 7. Februar: Uraufführung von Weills Orchestersuite *Kleine Dreigroschen-Musik* in der Berliner Staatsoper (Dirigent und Auftraggeber: Otto Klemperer).

3. Mai: Im Berliner Tageblatt erscheint Alfred Kerrs Artikel »Brechts Copyright« und löst damit die so genannte ›Plagiatsaffäre‹ aus. Kerr wirft Brecht vor, er habe Villon-Balladen in der *Dreigroschenoper* widerrechtlich benutzt.

21. Mai: Vertragsabschluss mit der Nero-Film A.G. zwecks Verfilmung der *Dreigroschenoper*.

Mai: Brecht singt für das Schallplatten-Label Orchestrola zwei Songs: die »Moritat« und das »Lied von der Unzulänglichkeit menschlichen Strebens«.

Sommer: Im Berliner Ullstein Verlag erscheinen innerhalb der populären Reihe *Musik für Alle* zehn Songs sowie die Ouvertüre aus der *Dreigroschenoper* in leichten Klaviersätzen mit beigefügtem Text (Nr. 274).

1930   3. August: Die Nero-Film A.G. verpflichtet Brecht zum Schreiben der Story (Treatment) für das Drehbuch. Außerdem bestimmt sie Leo Lania als Drehbuchautor, dessen Arbeit zu Kontroversen mit Brecht führt. Die Zusammenarbeit mit Lania wird unterbunden. Auch Brecht soll auf Betreiben der Filmgesellschaft die Rechte am Drehbuch gegen finanziellen Ausgleich niederlegen.

23. August: Kündigung der Zusammenarbeit mit Brecht und Lania durch die Nero-Film A.G. Diese ist prinzipiell bereit, Schadensersatz an Brecht zu zahlen, und bestimmt Béla Balázs zum neuen Drehbuchautor.

30. September: Brecht und Weill klagen beim Berliner Landgericht gegen die Nero-Film A.G. und versuchen ein Filmverbot durchzusetzen. Die Filmgesellschaft wirft Brecht vor, dass er den Film (im Vergleich zum Bühnenstück) politisiert habe.

September: Brechts Arbeit für das Drehbuch geht in sein Filmexposé *Die Beule. Ein Dreigroschenfilm* ein.

19. November: Nachdem die Gerichtsverhandlungen mit einer Abweisung der Klage sowie einer eingelegten Berufung enden, wird kurz vor der Berufungsverhandlung ein Vergleich erzielt, bei dem Brecht auf seine Ansprüche verzichtet und dafür von der Filmfirma mit 25 000 Reichsmark entschädigt wird.

7. Dezember: Schallplattenproduktion *Aus der 3-Groschenoper* des Labels Ultraphon/Telefunken mit Lotte Lenja, Erika Helmke, Willy Trenk-Trebitsch, Kurt Gerron und Erich Ponto. Brecht verfasst hierzu verbindende Zwischentexte, die von Gerron eingesprochen werden.

1931   19. Februar: Der Spielfilm *Die 3 Groschen Oper* wird im Berliner Film-Lichtspieltheater Atrium uraufgeführt. Regie: Georg Wilhelm Pabst, Drehbuch: Laszlo Vajda, Leo Lania, Béla Balázs, Musik: Kurt Weill. Mit Rudolf Forster (Macheath), Carola Neher (Polly), Reinhold Schünzel (Tiger-Brown), Fritz Rasp (Peachum), Valeska Gert (Frau Peachum), Lotte Lenja (Jenny), Hermann Thimig (Pfarrer), Ernst Busch (Straßensänger) u. a. Zur Filmpremiere erscheint bei der Universal Edition das Songalbum *Die Dreigroschenoper*.

  8. Juni: Uraufführung der französischen Filmversion *L'opéra de quat' sous* im Berliner Film-Lichtspieltheater Atrium, die während der Dreharbeiten zum deutschen Film vom selben Team produziert wurde. Es spielen Albert Préjean (Macheath), Odette Florelle (Polly), Gaston Modot (Peachum), Margo Lion (Jenny), Jacques Henley (Brown) u. a.

1932   Mitte Januar: Das Heft 3 der *Versuche* erscheint. Darin veröffentlicht Brecht den »Dreigroschenprozeß. Ein soziologisches Experiment« zusammen mit dem Exposé *Die Beule. Ein Dreigroschenfilm*, eine neue Textfassung der *Dreigroschenoper* sowie die »Anmerkungen zur Dreigroschenoper«.

  November: Weill veröffentlicht die vor der Uraufführung gestrichene »Arie der Lucy« als Notendruck und mit einem Kommentar in der Zeitschrift *Die Musik*.

1933   28. Februar: Brecht flieht mit seiner Familie aus Deutschland. Beginn des Exils.

  22. März: Weill flieht aus Deutschland. Beginn des Exils.

  2. Mai: Der Verlag Felix Bloch Erben stellt die vertraglich geregelten Zahlungen an Brecht sowie die Überweisung von Tantiemen, darunter von ausländischen Produktionen der *Dreigroschenoper*, ein.

  Mai: Brecht beginnt in der Schweiz die Arbeit an seinem *Dreigroschenroman*.

  10. Dezember: Elisabeth Hauptmann flieht aus Deutschland. Beginn des Exils.

1934   November: Der *Dreigroschenroman* wird im Amsterda-
        mer Verlag Allert de Lange erstveröffentlicht.

1938   Der Malik-Verlag in London ediert *Die Dreigroschen-
        oper* im ersten Band der *Gesammelten Werke* Brechts.
        Parallel wird eine Einzelausgabe erstellt, beide weisen ge-
        ringfügige Änderungen gegenüber der *Versuche*-Fassung
        1932 auf.

1942   Anfang März–Mitte April: Brecht und Weill diskutieren
        im amerikanischen Exil über das Projekt einer Inszenie-
        rung der *Dreigroschenoper* mit Farbigen, die von Cla-
        rence Muse geleitet werden soll. Weills Einwände führen
        zum Scheitern des Vorhabens.

1945   15. August: Erste deutsche Nachkriegsaufführung der
        Dreigroschenoper am Hebbel-Theater Berlin in der Re-
        gie von Karlheinz Martin.

1948/49 Brecht bearbeitet einige Szenen der *Dreigroschenoper*,
        in denen Krüppel auftreten. Sein Anlass für diese Ände-
        rung ist, dass das deutsche Theaterpublikum aus zu vie-
        len echten Kriegskrüppeln besteht. Brecht verweist auf
        den zeitweiligen Charakter dieser Änderungen, die Weill
        nicht autorisiert.

1949   Der Gebrüder Weiss Verlag Berlin veröffentlicht die Text-
        ausgabe *Songs aus der Dreigroschenoper*. Neben den ur-
        sprünglichen Song-Texten aus der *Versuche*-Fassung
        1932 erscheinen in dieser Ausgabe auch Neubearbeitun-
        gen von Songs, die Brecht ab 1946 anfertigte. Weill hat
        diese Neubearbeitungen nicht autorisiert.

1950   3. April: Kurt Weill stirbt in New York an Herzversagen,
        er wird am 5. Juli auf dem Friedhof Mount Repose in
        Haverstraw, nahe New City beerdigt.
        Im gerade gegründeten Suhrkamp Verlag (Frankfurt/M.)
        erscheint *Die Dreigroschenoper* als Bühnenmanuskript.

1954   10. März: Premiere der *Threepenny Opera* am New
        Yorker Theatre de Lys in der Übersetzung und Bearbei-
        tung Marc Blitzsteins, mit Lotte Lenya als Jenny. Inner-
        halb von sieben Jahren werden 2611 Vorstellungen ge-
        geben, dies ist bisher der größte Theatererfolg des
        Stücks.

1956 10. Februar: An seinem 58. Geburtstag besucht Brecht die Premiere der *Dreigroschenoper* am Mailänder Piccolo Teatro, Regie Giorgio Strehler. Brecht ist von dieser Inszenierung beeindruckt.

14. August: Brecht stirbt in Berlin an den Folgen eines Herzinfarkts. Er wird am 17. August auf dem Dorotheenstädtischen Friedhof in Berlin beerdigt.

1972 In der Universal Edition erscheint erstmals die Partitur der *Dreigroschenoper*, hg. v. Karl Heinz Füssl (UE 14901).

1973 20. April: Tod von Elisabeth Hauptmann. Sie wird auf dem Dorotheenstädtischen Friedhof in Berlin beerdigt.

1988 *Die Dreigroschenoper* erscheint im Band 2 der Ausgabe: Bertolt Brecht, *Werke*. Große kommentierte Berliner und Frankfurter Ausgabe, hg. v. Werner Hecht, Jan Knopf, Werner Mittenzwei u. Klaus-Detlef Müller, Berlin u. Weimar/Frankfurt/M. Textgrundlage ist die *Versuche*-Fassung von 1932.

1996 Die Partitur der *Dreigroschenoper* erscheint als »Facsimile of the Holograph Full Score«, hg. v. Edward Harsh, in: Kurt Weill Foundation for Music, Inc., New York und European American Music Corporation, Miami.

2000 Die Partitur der *Dreigroschenoper* erscheint als Notendruck zusammen mit einem separaten *Critical Report*, hg. v. Stephen Hinton u. Edward Harsh, in: Kurt Weill Foundation for Music, Inc., New York und European American Music Corporation, Miami.

Einführung

Nachdem der sich als »Stückeschreiber« bezeichnende Bertolt Brecht 1956 im Alter von nur 58 Jahren in Berlin starb, lagen von ihm 48 abgeschlossene Dramen und rund 50 Dramenfragmente vor, etwa 2 500 Gedichte, ein umfangreiches Prosawerk, zahlreiche theoretische Schriften, tagebuchartige Aufzeichnungen sowie eine ausgedehnte Korrespondenz. Aus dieser gewaltigen Produktionsmenge ragt innerhalb der Dramatik *Die Dreigroschenoper* heraus, die wie kein zweites seiner Werke die Bühnen der Welt und deren Zuschauer, Hörer und Leser erobert hat. Brecht war 1928, dem Jahr der legendären Uraufführung in Berlin, als 30-Jähriger ein arrivierter Schriftsteller und Dramatiker, der für seine Stücke *Trommeln in der Nacht*, *Baal* und *Im Dickicht der Städte* den renommierten Kleist-Preis erhalten hatte.

Kleist-Preis

Doch die *Dreigroschenoper* mit der nicht minder Aufsehen erregenden Musik des 28-jährigen Kurt Weill übertraf sämtliche Erwartungen, auch die der Autoren selbst. Nach der Uraufführung waren sämtliche Vorstellungen des heute noch existierenden Theaters am Schiffbauerdamm in Berlin ausverkauft, man gab das Stück in der Spielzeit 1928/29 en suite, allerdings mit wechselnden Besetzungen. Im Jahr 1929 wurde *Die Dreigroschenoper* an mehr als 40 Theatern inszeniert (s. Farneth, S. 90) und in über 4 000 Aufführungen gespielt, darunter, neben vielen deutschen Städten, auch in Prag, Moskau, Riga, Wien, Zürich und Basel. Bis 1932 war der Stücktext in 18 Sprachen übersetzt.

Nachdem die Nationalsozialisten das Werk verboten hatten, kam es im August 1945, nur wenige Monate nach Kriegsende, in Berlin zur ersten deutschen Nachkriegsaufführung. Der unaufhaltsame Erfolg der *Dreigroschenoper* dauert bis heute an. So wurde, nur um ein Beispiel zu nennen, die von Marc Blitzstein übersetzte und bearbeitete *Threepenny Opera* am New Yorker Theatre de Lys (einer Off-Broadway-Bühne in Greenwich Village) von 1954 bis 1961 insgesamt 2 611 Mal vor etwa 750 000 Zuschauern gespielt und brach bis dato alle Aufführungsrekorde.

Der Erfolg von 1928 stimulierte die Autoren zu weiteren literarischen wie musikalischen Vermarktungsideen. Im Oktober Vermarktungsideen
1928 erschienen im Potsdamer Gustav Kiepenheuer Verlag *Die
Songs der Dreigroschenoper* (ohne Notenbeigabe), die – nach
zwei Nachdrucken – eine Gesamtauflage von 50 000 Exemplaren erreichten. Am 27. Oktober 1928 kam die Klavierdirektion
zur *Dreigroschenoper* in 1. Auflage mit 300 Exemplaren heraus;
wenige Tage später, am 2. November 1928, folgte der Klavierauszug in 1. Auflage ebenfalls mit 300 Exemplaren, beide hergestellt von Weills Musikverlag, der Universal-Edition A.G.
Wien-Leipzig. Nachfolgend erschienen noch Einzelausgaben
der Songs, Bearbeitungen für den Hausmusiksektor und den
Konzertsaal (vgl. Hinton 1990, S. 1–7), darunter Weills Orchestersuite *Kleine Dreigroschen-Musik* für Bläserensemble.
Schließlich erlaubte der Komponist, Jazz- und Tanzarrange-
ments herstellen zu lassen, und förderte damit eine weite Verbreitung der Musik über den begrenzten Zusammenhang des
Theaters hinaus.

Im Mai 1930 schlossen Brecht und Weill einen Vertrag über die
Verfilmung des Bühnenstücks. Die Nero-Film A.G. kam mit Verfilmung
Brecht überein, dass er das Exposé für das Drehbuch liefern werde. Da es aber zwischen Brecht und dem Drehbuchautor Leo
Lania zu Differenzen kam, untersagte die Nero-Film A.G. eine
weitere Zusammenarbeit und versuchte Brecht zum Rücktritt
von seinem Vertrag zu bewegen. Brecht und Weill reichten stattdessen beim Berliner Landgericht Klage ein, um die Produktion
des Films wegen künstlerischer Differenzen zu unterbinden. Die
Nero-Film A.G. ihrerseits warf Brecht eine inakzeptable Politisierung des Stoffes vor. Es kam zu Gerichtsverhandlungen, die
kurz vor dem Berufungsverfahren mit einem Vergleich zwischen
Brecht, Weill und der Nero-Film A.G. endeten. Für 25 000
Reichsmark trat Brecht seine Rechte an die Filmfirma ab, die
dann den Spielfilm *Die 3 Groschen Oper* (Regie: Georg Wilhelm
Pabst) produzierte; dieser wurde 1931 in Berlin uraufgeführt.
Brecht fasste seine Arbeit in dem Filmexposé *Die Beule. Ein
Dreigroschenfilm* zusammen (s. GBA 19, S. 307–320). Zusätz-
lich bildeten die künstlerischen, ökonomischen und juristischen
Problemstellungen, die sich aus dem von den Medien intensiv

beobachteten Prozessverlauf ergaben, für Brecht weiteres Verwertungsmaterial zu seiner kritischen Abhandlung »Der Dreigroschenprozeß. Ein soziologisches Experiment« (GBA 21, S. 448–514).

Im Mai 1933, nun im Exil in der Schweiz, diente ihm der Stoff ein weiteres Mal zu seinem einzigen vollendeten Roman, dem *Dreigroschenroman* (GBA 16), der vom Amsterdamer Verlag Allert de Lange ein Jahr später veröffentlicht wurde und in dem sich fast alle Songtexte, z. T. gekürzt, als Mottos wiederfinden. Damit hatten Brecht und Weill *Die Dreigroschenoper* für alle Medien erschlossen: für das Theater und den Konzertsaal, für die Schallplatte und das Kino, als Druck in Presse und Verlagen, für öffentliche Vergnügungsveranstaltungen und private Hausmusik. Hinzu kamen weitere Verwertungen, die heute unter dem Begriff ›Merchandising‹ bekannt sind, etwa die Entwicklung einer Tapete mit Figuren aus der *Dreigroschenoper* als Muster (Abb. in: Farneth, S. 95) oder die Benennung einer Berliner Bar als Dreigroschenbar. Die Präsenz der *Dreigroschenoper* in der Vielfalt der Medien wird als ›Dreigroschenkomplex‹ bezeichnet. Erstmals wird ein Bühnenstück Brechts und Weills mit einer völlig neuartigen Marketing-Strategie verbunden, die den medial vernetzten Kunstbetrieb des späten 20. Jh.s bereits in Teilen vorwegnimmt. Der ›Dreigroschenkomplex‹ gehört in seiner qualitativen und quantitativen Dimension zum gewichtigsten Teil des Brecht'schen Gesamtwerks (vgl. Wöhrle 1988, S. 87–156).

So sehr Brecht und Weill diese Entwicklung begrüßten, hatten beide, insbesondere Brecht, dies auch als Gefahr erkannt und artikuliert. Der Literaturhistoriker Hans Mayer überliefert den sorgenvollen Ausspruch Brechts aus den 1950er-Jahren, er werde »in die Literatur eingehen als ein Mann, der den Vers geschrieben hat: ›Erst kommt das Fressen, dann kommt die Moral‹« (Mayer, S. 56). Damit umschreibt er pointiert den Welterfolg, der dazu führte, dass ganze Passagen auswendig gesungen und Texte zu Zitaten, ja zu ›geflügelten Worten‹ wurden. Brecht befürchtete, dass der Glanz des Erfolgs all das verdrängte, was ihm an Kritik an den herrschenden Gesellschaftszuständen und an der bürgerlichen Theaterpraxis wichtig war: die Entschleierung der Verhältnisse im Leben und auf dem Theater, also die

Erkennbarkeit des Gezeigten. Eine *nur* ins Ohr gehende Musik, eine *nur* spannend und modisch aufgemachte *Dreigroschenoper* für den Bürger im Parkett, der selbstzufrieden über sich lachen kann, führt nach Brechts Ansicht von der Aussage des Stücks weg.

In einem Selbstinterview, vermutlich aus dem 2. Halbjahr 1933, hebt Brecht hervor:

»Was, meinen Sie, macht den Erfolg der ›Dreigroschenoper‹ aus?

Ich fürchte, all das, worauf es mir nicht ankam: die romantische Handlung, die Liebesgeschichte, das Musikalische. Als die ›Dreigroschenoper‹ Erfolg gehabt hatte, machte man einen Film daraus. Man nahm für den Film all das, was ich in dem Stück verspottet hatte, die Romantik, die Sentimentalität usw., und ließ den Spott weg. Da war der Erfolg noch größer.

Und worauf wäre es Ihnen angekommen?

Auf die Gesellschaftskritik. Ich hatte zu zeigen versucht, dass die Ideenwelt und das Gefühlsleben der Straßenbanditen ungemein viel Ähnlichkeit mit der Ideenwelt und dem Gefühlsleben des soliden Bürgers haben« (GBA 26, S. 299).

Entstehungs- und Textgeschichte

Den Ausgangspunkt für *Die Dreigroschenoper* lieferte das englische Stück *The Beggar's Opera* von John Gay (1685–1732), das als ›ballad opera‹ mit der Musik von John Christopher Pepusch (1667–1752) am 29. Januar 1728 im Londoner John Rich's Theatre, Lincoln's Inn Fields, uraufgeführt wurde. Nicht Brecht, sondern seine Mitarbeiterin Elisabeth Hauptmann (1897–1973) oder vermutlich sogar seine Ehefrau Helene Weigel (1900–1971) (s. Kebir, S. 102) wurden über Presseveröffentlichungen auf die seit 1920 in London gespielte und begeistert aufgenommene Wiederentdeckung aufmerksam. Im Winter 1927/28 ließ sich Hauptmann den englischen Text besorgen und übersetzte ihn. »Aber daß das so akut war in England – wegen dem Datum 1928 –, das hatte ich gar nicht so mitbekommen«, erinnerte sie sich später (ebd.). Doch Brecht hatte zunächst für Hauptmanns Rohübersetzung kaum Zeit, denn er arbeitete noch an den Stücken *Jae Fleischhacker* und am *Fatzer*.

Ein Zufall brachte die Wende. Der Schauspieler Ernst Josef Aufricht (1898–1971) suchte Anfang 1928, nachdem er die Leitung des Theaters am Schiffbauerdamm in Berlin übernommen hatte, ein Eröffnungsstück für die Theatersaison 1928/29. Er verhandelte mit Dramatikern, darunter auch mit Brecht, und entschied sich für das in Hauptmanns Rohübersetzung vorliegende, noch weitgehend unfertige Stück, dessen schnelle Bearbeitung Brecht zusagte. Für die Musik empfahl Brecht den zwei Jahre jüngeren Komponisten Kurt Weill (1900–1950), deren erstes gemeinsames Werk, das Songspiel *Mahagonny*, im Juli 1927 mit großem Erfolg in Baden-Baden uraufgeführt worden war; zudem hatte Weill gerade mit der Vertonung ihres neuen Opernprojekts *Aufstieg und Fall der Stadt Mahagonny* begonnen. Der für den 31. August 1928 bestimmte Uraufführungstermin der *Dreigroschenoper* stellte Brecht, Weill und Hauptmann allerdings vor Zeitprobleme, denn sie mussten nun sehr zügig, zwischen März und Anfang Mai 1928, aus Hauptmanns heute verschollener Rohübersetzung (sowie in enger Zusammenarbeit mit ihr) die erste Textfassung erstellen. Der Titel lautete zunächst *Gesindel*, dann *Die Luden-Oper*; schließlich war auch der Titel *Die Mörder sind unter uns* (BBA 2106/02) im Gespräch, der aber verworfen wurde. Brecht und Weill schlossen Ende April 1928 mit dem Verlag Felix Bloch Erben in Berlin einen Vertrag über die Bearbeitung der *Beggar's Opera* ab (Abb. in: Farneth, S. 84; vgl. Fischer). Bei der vertragsüblichen Festlegung der Tantiemen entfielen 62½% auf Brecht, 25% auf Weill und 12½% auf Hauptmann. Danach eröffnete der Verlag in der eigenen Zeitschrift *Charivari. Für Theater, Musik, Film und Rundfunk* eine Werbekampagne und stellte in seiner ersten Anzeige das Stück unter dem Titel *Des Bettler's Oper* vor.

Im Juni 1928 brachte der Verlag ein hektographiertes Bühnenmanuskript heraus, das betitelt ist: *The Beggar's Opera / Die Luden-Oper / Von John Gray* [sic]. / *Übersetzt von Elisabeth Hauptmann. / Deutsche Bearbeitung: Bert Brecht. Musik: Kurt Weill* (BBA 1782/1–66).

Geplant war, dass die Theaterproben am 10. August 1928 beginnen sollten. Da nur wenig Zeit für die Arbeit am Stück gegeben war, zogen sich Brecht und Weill von Mai bis Juni nach St. Cyr-sur-Mer an die südfranzösische Mittelmeerküste zurück, um konzentrierter arbeiten zu können (Hecht 1997, S. 246; in GBA 2, S. 425, sowie in der Sekundärliteratur lautet der Aufenthaltsort irrtümlich Le Lavandou). »Tag und Nacht« arbeiteten Brecht und Weill »wie die Verrückten, schrieben, änderten, strichen, schrieben aufs neue, und unterbrachen ihre Arbeit nur, um ein paar Minuten ans Meer hinunter zu gehen« (Lenya-Weill, S. 223). In St. Cyr-sur-Mer entstanden eine neue Textfassung sowie ein großer Teil der Musik. Hier schrieb Brecht auch diejenigen Liedtexte, welche bei den Bühnenproben wieder aus dem Stück entfernt wurden: »Als ich mein Brautkleid anzog«, »Die Jungfraunballade«, »Maria, Fürsprecherin der Frauen«, »Wenn's einer Hur gefällt«, »Ballade von der Traurigkeit der Laster« und »Der Ehesong« (GBA 14, S. 7–12).

Am 14. Juni 1928 schrieb Weill der Universal-Edition aus St. Cyr-sur-Mer:

> »Unterdessen arbeite ich mit Hochdruck an der Komposition der *Beggar's Opera*, die mir viel Spass macht. Sie wird in einem sehr leicht sangbaren Stil geschrieben, da sie ja von

St. Cyr-sur-Mer

Schauspielern ausgeführt werden soll. Ich hoffe bis Ende Juni damit fertig zu sein, um dann in einem Zuge *Mahagonny* fertigzustellen« (Grosch, S. 128).

Brecht gestand in einem Brief an Helene Weigel Mitte Juli: »ich habe ›Beggar's Opera‹ usw. fertiggemacht und war fast immer schlecht gelaunt, weil es zu heiß war« (GBA 28, S. 306). Doch während der Probenarbeit, die sich buchstäblich bis zur letzten Minute vor der Uraufführung hinzog, wurde das Werk tiefgreifend verändert. Die tatsächlich gespielte Fassung wich erheblich gegenüber allen nachfolgenden (Druck-)Fassungen ab: Der »Salomon-Song« entfiel aus Zeitgründen, die »Ballade von der sexuellen Hörigkeit« wurde wegen ihres ›anstößigen‹ Texts nicht gesungen und die »Moritat« erst knapp vor der Uraufführung neu hinzugefügt. Die auf dem Programmzettel vermerkten Texte Rudyard Kiplings (1865–1936) wurden ersatzlos gestrichen, wie auch die Bühnenrolle der Frau Coaxer, weil die sie spielende Helene Weigel erkrankte. Schließlich kam das gesamte 8. Bild nicht zur Aufführung, da die in ihm enthaltene »Arie der Lucy« von Kate Kühl stimmlich nicht zu bewältigen war. Vermutlich auf einen Vorschlag Marta Feuchtwangers hin wurde der Stücktitel kurzfristig in *Die Dreigroschenoper* geändert.

Die Berichte über den chaotischen Probenverlauf sind zahlreich und halten nicht unbedingt jeder Prüfung stand (vgl. Aufricht, in: Hecht 1985, S. 102–115). Dagegen spiegelt sich die komplexe Werkgeschichte der *Dreigroschenoper* und ihr kollektiver Arbeitsprozess im Programmzettel der Uraufführung präzis wider: *Die Dreigroschenoper / (The Beggar's Opera) / Ein Stück mit Musik in einem Vorspiel und 8 Bildern nach dem / Englischen des John Gay. / (Eingelegte Balladen von François Villon und Rudyard Kipling) / Übersetzung: Elisabeth Hauptmann / Bearbeitung: Brecht / Musik: Kurt Weill / Regie: Erich Engel / Bühnenbild: Caspar Neher / Musikalische Leitung: Theo Mackeben / Kapelle: Lewis Ruth Band* (Abb. in: Farneth, S. 90).

Nachdem die *Dreigroschenoper* auf der Generalprobe um etwa 45 Minuten gekürzt wurde, fand am 31. August 1928 die Theatergeschichte schreibende Uraufführung statt. Allerdings vertrat Hauptmann später die Meinung, dass diese mitnichten ein so sensationeller Erfolg war, wie es in der Literatur überliefert

Kollektiver Arbeitsprozess

Uraufführung

wird. Das Premierenpublikum hätte im Gegenteil viel kritischer reagiert. Die Gründe sieht sie in Brechts neuem Theaterstil und in den damals so neuartigen Theaterpraktiken wie dem offenen Szenenumbau: »Nein, das Publikum reagierte sauer. [...] Wir waren am nächsten Tag durch die Kritik ja ganz baß erstaunt. Das war doch ganz merkwürdig, als das mittags raus kam« (Kebir, S. 107, vgl. S. 106). Diese Aussage von Brechts Mitarbeiterin, bezogen auf eine Rezension Walter Steinthals im *12-Uhr-Blatt* (Abb. in: Farneth, S. 92), legt die Vermutung nahe, dass der sich anbahnende triumphale Erfolg der *Dreigroschenoper* durch den Einfluss der Printmedien entschieden befördert wurde.

Brecht experimentiert in dieser Inszenierung, ungeachtet der Bedenken seines Regisseurs Erich Engel, mit ungewohnten theatralischen Formen, die er später als »Trennung der Elemente« bezeichnen wird (vgl. GBA 22, S. 156; GBA 24, S. 79). Es wurden Projektionsflächen für die »*Literarisierung des Theaters*« (GBA 24, S. 58) geschaffen, auf denen das Publikum eingeblendete Szenentitel sowie Caspar Nehers Bühnenprojektionen sehen konnte. Der halbhohe Bühnenvorhang, humorvoll als ›Brecht-Gardine‹ bezeichnet, lässt an improvisiertes, ärmliches Straßentheater erinnern, außerdem lädt er das Publikum ein, an dem nun teilweise sichtbaren Szenenumbau während der Pausen teilzunehmen, und produziert somit einen antiillusionistischen Effekt (vgl. Abb. in: Farneth, S. 91). Vor allem am 2. Bild des 1. Akts lässt sich modellhaft zeigen, dass Brecht mit der *Dreigroschenoper* episches Theater praktiziert (vgl. Knopf 2000, S. 117–120; Knopf 2001 ff., Bd. 1, S. 12).

Zur Lewis Ruth Band, die den Namen ihres Mitglieds Ludwig Rüth zeitmodisch amerikanisiert hatte, gehörten acht Musiker, die auf der Hinterbühne in einer als Musik-Symbol dienenden Orgelattrappe platziert wurden. Jeder dieser Musiker spielte mehrere Instrumente, so dass Weill seine Partitur für insgesamt 23 Instrumente konzipieren konnte, die abwechselnd zum Einsatz gelangten. Geleitet wurde die Band von Theo Mackeben, der vom Klavier aus dirigierte. Ihre Position im hinteren Teil der Bühne hatte zur Folge, dass die im vorderen Bereich spielenden Schauspieler mit dem Rücken zur Musik und zum Dirigenten standen, also keinen Blickkontakt miteinander hatten und so

Trennung der Elemente

eine »Asynchronizität zwischen Musik und Text, also ein leich-
tes Aus-dem-Takt-Singen« entstehen konnte (Pache, S. 211).
Brecht nutzt diese Gegebenheit, um eine Einfühlung des Publikums in die Musik künstlich zu stören. Alles sollte dem Zweck
untergeordnet sein, die Zuschauer zum wachen Mitdenken zu
provozieren. Brecht setzt Szenenüberschriften, abrupten Licht-
wechsel, das unvermittelte Übergehen vom Sprechen in Gesang,
das Aus-der-Handlung-treten der Schauspieler, das direkte An-
singen des Publikums vor dem geschlossenen Vorhang sowie den
sichtbaren Bühnenumbau als ungewohnte Mittel ein, um seine
Konzeption einer neuen Theaterkunst, des epischen Theaters, zu
realisieren. Doch sind für ihn diese Mittel keine abstrakte Me-
thode, denn

»tatsächlich ist das *epische Theater* eine sehr künstlerische
Angelegenheit, kaum zu denken ohne Künstler und Artistik,
Phantasie, Humor, Mitgefühl, ohne das und viel mehr kann
es nicht praktiziert werden. Es hat unterhaltend zu sein, es hat
belehrend zu sein« (GBA 22, S. 378 f.).

Im Oktober 1928 veröffentlichten die Verlage Felix Bloch Erben
und die Universal-Edition gemeinsam den Erstdruck der *Dreigroschenoper*. Im selben Monat erschien im Gustav Kiepenheuer Verlag Potsdam eine Edition mit dem Titel: *Brecht / Die Songs
der / Dreigroschenoper* (ohne Notenbeigabe). Sie erzielte zusammen mit zwei weiteren Nachdrucken eine Auflagenhöhe von insgesamt 50 000 Exemplaren. Erst mit dieser Publikation entdeck-
te der einflussreiche Berliner Theaterkritiker Alfred Kerr (1867–
1948) für sich die Möglichkeit, Brecht des Plagiats von Villon-
Balladen in der Übertragung Karl Klammers (Pseudonym: K. L.
Ammer) zu bezichtigen. Kerrs im *Berliner Tageblatt* vom 3. Mai
1929 erschienener Artikel »Brechts Copyright« führte zu der
damals weithin diskutierten ›Plagiatsaffäre‹. Brecht nahm dazu
kaum Stellung und betonte später lakonisch, dass »Anführungs-
zeichen [...] riesig schwer zu dramatisieren« seien (GBA 29,
S. 57). Er trat dennoch 2% seiner Tantiemen an Klammer ab.

Mitte Januar 1932 veröffentlichte Brecht den inzwischen nochmals überarbeiteten Stücktext im Heft 3 seiner Publikationsrei-
he *Versuche* (s. Hecht 1997, S. 318) zusammen mit seinem Filmexposé *Die Beule. Ein Dreigroschenfilm*, den »Anmerkungen

zur Dreigroschenoper« und der kritischen Schrift »Der Dreigroschenprozeß. Ein soziologisches Experiment« als Reaktion
auf die gerichtlichen Auseinandersetzungen mit der Nero-Film
A.G.

Brechts erneute Bearbeitung der *Dreigroschenoper* zwischen
1946 und 1949 war durch den Nationalsozialismus in Deutschland zwischen 1933 und 1945 sowie die politische Entwicklung
der ersten Nachkriegsjahre veranlasst. Zugleich war diese Bearbeitung Brechts ein juristischer Kunstgriff, um den noch gül-
tigen Verlagsvertrag mit Felix Bloch Erben auflösen zu können.
Neben der schon 1933 verfassten »Ballade vom Reichstagsbrand« (GBA 14, S. 173–176), welche nach der Melodie der
»Moritat« zu singen ist, schrieb er 1949 zwei weitere, die Ori-
ginalsongs parodierende Bearbeitungen: »Die Ballade vom angenehmen Leben der Hitlersatrapen« und »Der neue Kanonen-
Song« (GBA 11, S. 150–153). Im Jahr 1948 entstanden Bearbeitungen der »Moritat von Mackie Messer«, der »Ballade vom
angenehmen Leben« sowie der »Ballade, in der Macheath jedermann Abbitte leistet«. Schließlich gab der Berliner Gebrüder
Weiß-Verlag 1949 eine Textausgabe von *Songs aus der Dreigroschenoper* heraus, die neben den ursprünglichen Songtexten
auch die neuen Bearbeitungen enthielt (s. GBA 2, S. 309–315;
GBA 11, S. 334 f.). Zudem bearbeitete Brecht 1948/49 einige
Szenen, in denen Krüppel zu sehen sind (s. GBA 2, S. 315–322).
Die Gründe nannte er Anfang 1949 in einem Brief an Weill:

> »Die Szenenänderungen habe ich gemacht aus sehr einfachen
> Gründen: Die Krüppelkopien des Herrn Peachum sind im
> Augenblick in Deutschland nicht attraktiv, da im Zuschau-
> erraum selbst zu viele echte (Kriegs-)Krüppel oder Anver-
> wandte von Krüppeln sitzen. Es mußte da einfach ein Ersatz
> gefunden werden. Glücklicherweise konnten die Änderungen
> so klein sein, daß sie den Charakter des Stückes nicht verän-
> dern. Hier wie in den Zusatzstrophen der Songs handelt es
> sich tatsächlich *nur* um eine zeitweilige Änderung, die nur für
> diese Zeit gelten (und auch nicht gedruckt werden) soll«
> (GBA 29, S. 494).

Allerdings hat Weill diese Neufassung nicht autorisiert. Die zahlreichen Inszenierungen der *Dreigroschenoper*, die seitdem welt-

Bearbeitung
1946–49

weit erfolgten, orientierten sich nicht an Brechts Nachkriegsbe-
arbeitung, sondern griffen auf die Textfassung von 1932 zurück.

Zur vorliegenden Textfassung

Die nach der Uraufführung benutzte Bühnenfassung, nunmehr angereichert mit den Resultaten aus Probenarbeit, Uraufführung und nachfolgendem Spielbetrieb, wurde von den Verlagen Felix Bloch Erben und der Universal-Edition gemeinsam veröffentlicht. Der Titel lautet: *Die / Dreigroschenoper / (The Beggar's Opera) / Ein Stück mit Musik in einem Vorspiel / und acht Bildern nach dem Englischen des John Gay. / Übersetzt von Elisabeth Hauptmann / Deutsche Bearbeitung von / Bert Brecht / Musik von / Kurt Weill.* Die Drucklegung erfolgte durch Otto Maass' Söhne Ges.m.b.H. Wien. Dies ist der Erstdruck des Stücktexts (UE 8850), er wurde am 12. Oktober 1928 mit einer Auflage von 303 Exemplaren ausgeliefert. Eine 2. Auflage erfolgte am 24. November 1928 mit 515, die 3. am 15. August 1929 mit 502 Exemplaren. Die nachfolgende 2. Druckfassung, die Mitte Januar 1932 im 3. Heft der *Versuche* erschien und zur Textgrundlage für alle heute im Umlauf befindlichen Stücktexte wurde, weicht vom Erstdruck zum Teil erheblich ab. Fassung 1928 Fassung 1932

Die wesentlichen Abweichungen der Fassungen sollen im Folgenden skizziert werden: Unterschiede der Fassungen

Schon der Beginn beider Stückfassungen ist unterschiedlich. Während die Fassung 1932 mit der »Moritat von Mackie Messer« beginnt (vgl. GBA 2, S. 231), zeigt der Erstdruck die ›realen‹ Verhältnisse, denn die *Dreigroschenoper* wird natürlich mit der »Ouvertüre« von über zwei Minuten Dauer eröffnet. Während ihres Spiels geht ein kleiner Zwischenvorhang auf, der den Blick auf zwei Projektionstafeln freigibt, auf denen der Stücktitel sowie folgender Text zu lesen sind: »*Sie werden heute abend eine Oper für Bettler sehen. Weil diese Oper so prunkvoll gedacht war, wie nur Bettler sie erträumen, und weil sie doch so billig sein sollte, daß Bettler sie bezahlen können, heißt sie ›Die Dreigroschenoper‹*« (9,5–9). Nach der »Ouvertüre« schließt sich der Vorhang. Bei seinem erneuten Öffnen haben die Schauspieler bereits ihre Position auf der Bühne eingenommen, und der Titel des Vorspiels »Die Moritat von Mackie Messer« wird projiziert. Erst dann beginnt das »Vorspiel« mit dem Jahrmarktstreiben in

Soho und dem musikalischen Vortrag des Moritatensängers. Dies ist der Moment, in dem die Fassung 1932 textlich einsetzt. Doch während »Die Moritat von Mackie Messer« in der Fassung 1932 insgesamt neun Strophen besitzt, weist der nur als »Moritat« betitelte Erstdruck lediglich sechs Strophen auf. Unmittelbar nach dem Vortrag des Moritatensängers entfernt sich Macheath rasch von der Bühne. Gestrichen hat Brecht aus dem Erstdruck die ein gestisches Bild erzeugende Regieanweisung: »*Alle weichen zurück*« (11,3).

Eingriffe in die gehaltliche Aussage Am Vergleich des Stückbeginns wird deutlich, dass aus Brechts Eingriffen in die gehaltliche Aussage zwei unterschiedliche Textfassungen resultieren.

Der Erstdruck ist den theatralischen Abläufen, wie sie sich 1928 in den zeitgleichen Aufführungen im Theater am Schiffbauerdamm darstellten, stärker verbunden. Das spiegelt sich wider in zahlreichen Regieanweisungen zur Musik, zum Bühnenbild und zu Vorhängen sowie zu Bühnengängen, Bewegungs- und Handlungsabläufen der Schauspieler. Die textlichen Differenzen reichen von kleineren Unterschieden, etwa in der Interpunktion (im Erstdruck schließen die Vers-Endungen der Songs mit einem Komma ab, was Brecht 1932 konsequent strich), bis hin zur radikalen Streichung größerer Textmengen. So wurde das vor der Uraufführung gestrichene 8. Bild »Kampf um das Eigentum« erst wieder – allerdings ohne die darin enthaltene »Arie der Lucy« – in die Fassung 1932 eingefügt (s. GBA 2, S. 294–298). Diese Einfügung bedingt auch eine abweichende Nummerierung der nachfolgenden Bilder.

Änderungen nahm Brecht für die Fassung 1932 auch deshalb vor, um Eigenschaften und Handlungsweisen der Figuren des Stücks zuzuspitzen und die gesellschaftskritische Aussage zu verschärfen. So sind die von Peachum belehrend gezeigten fünf Grundtypen des Elends erst in der Fassung 1932 komplett beschrieben, indem dort die Opfer des Verkehrsfortschritts, der Kriegskunst und des industriellen Fortschritts aufgeführt wurden (s. GBA 2, S. 236). Auch Pollys ›geschäftsmäßiger‹ Vorschlag, Macheath's Zimmer nach dessen angeblicher ›Flucht‹ aus Sparsamkeitsgründen kündigen zu wollen (ebd., S. 265), ist im Erstdruck noch nicht enthalten, wie auch Macheath's Ankündigung, demnächst den Straßenraub aufzugeben, um ins Bankfach überzuwechseln (ebd., S. 266) oder sich mit den Verbrechen anderer, z. B. mit einer Brandlegung durch das Bandenmitglied Matthias, zu schmücken (ebd., S. 267). Schließlich besticht Macheath im Gefängnis den Konstabler Smith mit einem Scheck, der auf das moderne Geldwesen verweist (ebd., S. 275), was im Erstdruck noch mit Münzgeld erfolgt: der Räuber Macheath und seine Gepflogenheiten sind hier stärker der Bearbeitungsvorlage, also der 200 Jahre älteren *Beggar's Opera* verpflichtet. Auch die inzwischen zum ›geflügelten Wort‹ gewordene Passage »Was ist ein Dietrich gegen eine Aktie« (S. 305) fehlt im Erstdruck; sie wurde aus Elisabeth Hauptmanns Stück *Happy End*, das 1929 an den Erfolg der *Dreigroschenoper* anknüpfen sollte, entnommen (vgl. Hauptmann, S. 132 f.) und in die Fassung 1932 eingefügt.

Fassungsunterschiede ergeben sich auch bei den Songtexten. Entweder weicht deren Strophenzahl voneinander ab, so bei der »Moritat«, der »Seeräuber-Jenny«, der »Zuhälterballade«, im »Eifersuchtsduett« und im »Salomo-Song«. Oder aber es fehlt der Song vollständig, wie die »Ballade von der sexuellen Hörigkeit«, die vor der Uraufführung gestrichen und erst in die Fassung 1932 eingefügt wurde. Varianten ergeben sich auch in der Betitelung der Songs, das »Hochzeitslied« des Erstdrucks wird 1932 zum »Hochzeitslied für ärmere Leute« (s. GBA 2, S. 247). Hinzu kommen zahlreiche musikalische Verweise im Erstdruck, die Brecht 1932 entfernte. So waren bei der Uraufführung improvisierte Musikeinlagen zwischen den Bildern eingefügt. Sie sollten die Umbaupausen verkürzen helfen und eine dramaturgisch verbindende Funktion schaffen. Beispielsweise heißt es nach dem Fallen des Vorhangs zum Ende des 2. Bilds: »*(Zwischenaktmusik: Wiederholung von Nr. 7 für Orchester.)*« (37,23–24) Da sämtliche Songs im Erstdruck nummeriert sind, ergibt sich daraus, dass hier eine instrumentale Wiedergabe des »Kanonen-Songs« gemeint ist. Andere Musikeinsätze haben leitmotivischen Charakter, etwa beim Auftritt von Macheath zu Beginn des 2. Bilds: »(MORITATENMUSIK Nr. 2, ganz leise, wie als Motiv.) *(Macheath tritt ein, macht einen Rundgang auf der Rampe entlang. Musik hört auf.)*« (20,3–5) Wieder andere Regieanweisungen verweisen auf unterschiedliche Varianten im musikalischen Vortrag. Während in der Fassung 1932 lediglich Peachum den »Morgenchoral« singt, soll ihn im Erstdruck Frau Peachum mitsingen, denn es heißt dort: »*(Frau Peachum singt aus dem Nebenzimmer mit.)*« (11,20). Im »Zweiten Dreigroschen-Finale« schließlich ist eine abweichende Besetzung vorgesehen. Während im Erstdruck Macheath und Frau Peachum das Finale gemeinsam singen (66,11–67,21), sind es in der Fassung 1932 Macheath und Jenny (s. GBA 2, S. 284 f.; hier fälschlich als ›Spelunkenjenny‹ bezeichnet).

Da eine Reihe von Musikeinlagen, beispielsweise die instrumentale Wiedergabe von Songs zwischen den Bildern, im Notenmaterial der Universal-Edition von 1928 nicht verzeichnet sind, wurden sie bei nachfolgenden Inszenierungen auch nicht realisiert. Erst die im Jahr 2000 erschienene kritische Edition der Partitur zur *Dreigroschenoper* mit der Textfassung von 1928 hat u. a. auf diese Fehlstellen wieder aufmerksam gemacht (s. Hinton/Harsh).

Krit. Edition der Partitur

Trotz dieser zum Teil gravierenden Unterschiede zwischen den beiden Fassungen wurde die *Versuche*-Fassung von 1932 nicht nur für zahlreiche Nachdrucke, sondern auch 1988 als Textgrundlage für die GBA gewählt. Der Bandbearbeiter nahm seinem Kommentar zufolge irrtümlich an, dass es sich bei der auf »Frühjahr 1931« fälschlich datierten *Versuche*-Fassung um den »Erstdruck« des Stücktexts handelt (GBA 2, S. 424). Der tatsächliche Erstdruck vom Oktober 1928 wurde stattdessen als »Bühnenmanuskript« (ebd.) disqualifiziert und als Textgrundlage für die GBA verworfen. Außerdem wurde ein Editionsprinzip der GBA, die Anordnung der gattungsbezogenen Werke »in der Chronologie ihrer Entstehung« (GBA 1, S. [612]) verletzt; demnach hätte *Die Dreigroschenoper* nach dem Songspiel *Mahagonny* und der Oper *Aufstieg und Fall der Stadt Mahagonny* in GBA 2 erscheinen müssen.

In der hier vorliegenden Fassung der *Dreigroschenoper* wird erstmals wieder der Erstdruck von 1928 zur Textgrundlage erhoben. Damit eröffnet sich auch die Möglichkeit, die Unterschiede zwischen beiden Fassungen vergleichend sichtbar zu machen.

Fassung 1928 als Textgrundlage

Die für diesen Band verwendeten Materialien wurden dankens-
werterweise von der ›Arbeitsstelle Bertolt Brecht‹ am Institut für
Literaturwissenschaft der Universität Karlsruhe zur Verfügung
gestellt.

Quellen

Die Geschichte der 1928 entstandenen *Dreigroschenoper* datiert in ihren Vorlagen und Quellen bis in das erste Viertel des 18. Jh.s zurück. Ein historisch überliefertes Ereignis war die Hinrichtung des Verbrechers Jonathan Wild 1725 in London, der eine weit reichende kriminelle Organisation aufgebaut und geleitet hatte. Diese hatte sich nicht nur auf Diebstahl und Raub im großen Stil spezialisiert, sondern auch Diebesgut über eine eigene ›Wiederbeschaffungsabteilung‹ an die Bestohlenen gegen hohes Entgelt zurückgegeben. Weiterhin verriet Wild Mitglieder seiner Bande an die Polizei, um vorteilhafte, absichernde Beziehungen zur Ordnungsmacht zu pflegen. Jonathan Wild sowie der damals gleichfalls prominente Kriminelle Jack Shepard dienten dem englischen Schriftsteller John Gay als Anregung für die Bühnenfigur des (im Vornamen identischen) Jonathan Jeremiah Peachum in seiner *Beggar's Opera*.

Unmittelbar nach dem großen Bühnenerfolg der *Beggar's Opera* 1728 wurden in der Öffentlichkeit Zweifel gegenüber Gays alleiniger Autorenschaft erhoben; so hätten seine Kollegen Jonathan Swift (1667–1745) und Alexander Pope (1688–1744) ganze Abschnitte des Stücks mitproduziert. Damit wird nicht nur in der *Dreigroschenoper*, sondern auch in ihrer zwei Jahrhunderte älteren Vorlage, der *Beggar's Opera*, die kollektive Produktion sichtbar. Brecht ist darin Gay sehr ähnlich, der ebenso mit »Laxheit in Fragen geistigen Eigentums« (GBA 21, S. 316) die Öffentlichkeit provozierte. Doch hier wie dort konnten diese Vorwürfe den überwältigenden internationalen Erfolg der *Beggar's Opera* und der *Dreigroschenoper* nicht verhindern.

Ungeachtet ihrer Beliebtheit in England, Irland und Nordamerika konnte die *Beggar's Opera* die Theater des europäischen Festlands zunächst nicht erobern. Zum einen verhinderten zahlreiche, nur im englischen Sprachraum verständliche Anspielungen ihre Aufführung. Zum anderen wussten die Zensurbehörden Frankreichs und Deutschlands das Spielen des Stücks zu unterbinden. Trotzdem kursierten zahlreiche Übersetzungen; der Text wurde auch in Deutschland verbreitet. Er erschien unter

dem Titel *Die Straßenräuber*, übersetzt von Engelbert Ehren-
fried Buschmann (d. i. Caspar Wilhelm von Borck), dem preußischen Gesandten in London und Shakespeare-Übersetzer. Ur-
sprünglich war diese Übersetzung für eine Inszenierung am
Hamburgischen Theater vorgenommen worden, die allerdings
nicht zustande kam. In den englischsprachigen Ländern wurde
die *Beggar's Opera* bis in das 19. Jh. hinein gespielt, doch konnte
sie erst 1920 wieder einen triumphalen Erfolg durch die Londoner Neubearbeitung erzielen (vgl. Hennenberg 1986,
S. 108 f.).

Der Stücktitel *Beggar's Opera* wird oft mit *Bettleroper* übersetzt. Allerdings ist diese Übersetzung falsch, denn der Genitivus
possessivus bedeutet hier: *Des Bettlers Oper*. Darauf hatte auch
Brecht verwiesen (vgl. GBA 24, S. 56). Nur in dieser Übersetzung
wird deutlich, dass der Titel mit dem Inhalt des Stücks spielt.
Des Bettlers Oper zeigt an, dass die Oper sowohl geistiges Eigentum eines Bettlers ist als auch, dass die handelnden Personen
überwiegend selber Bettler sind. Weiterhin zielt der Titel auf die
soziale Zusammensetzung des Publikums ab, denn es soll eine
Oper für Bettler sein. Schließlich ist die *Beggar's Opera*, der
Gattung der ›Ballad opera‹ zugehörig, im Vergleich zur zeitgenössischen Barockoper auch formal ›bettelarm‹ angelegt, worauf die Figur des Bettlers im »Vorspiel« der *Beggar's Opera* verweist: »Ich hoffe, man wird mir vergeben, wenn meine Oper
nicht so ganz und gar unnatürlich ist wie die, die heute Mode
sind – sie enthält nämlich keine Rezitative« (Gay 1961, S. 8).
Andererseits enthält sie auch Merkmale, »die in allen berühmten
Opern ihr Wesen treiben« (ebd.). Gemeint sind die poetischen
Bilder und Anspielungen, wie sie sich in den Arientexten der
Barockoper immer wieder finden lassen. Wie die Kleidung des
Bettlers oft aus Abfällen der Gesellschaft regellos und zufällig
zusammengesucht ist, benutzt *Des Bettlers Oper* ganz verschie-
dene Musikstile, deren unbekümmerte Verwendung der herrschenden Musikästhetik zuwiderläuft. Dadurch stellt die *Beggar's Opera* die in England gepflegte italienische Opera seria in
Frage, sie greift destruktiv, intelligent und humorvoll deren musikalisches Pathos, die gekünstelte italienische Bühnensprache
sowie die unrealistisch überzeichneten Handlungsverläufe an.

*Des Bettlers
Oper*

Statt Königen und Adligen in der Opera seria kann man nun in der *Beggar's Opera* Bettler und Huren auf der Bühne sehen. Dies

Affront gegen ital. Importoper

war ein Affront gegen die italienische Importoper, zugleich auch gegenüber dem in London wirkenden Georg Friedrich Händel (1685–1759), dessen Opern *Radamisto* (1720), *Floriante* (1721) und *Tamerlano* (1724) in italienischer Manier komponiert sind.

John Christopher Pepusch (1667–1752), in Berlin gebürtig und wie Händel nach England ausgewandert, ist als Komponist der *Beggar's Opera* benannt. Allerdings musste er für diese Oper außer der Ouvertüre nichts komponieren, denn die Musik besteht zum größten Teil aus schon vorhandenen und weithin bekannten Straßenballaden sowie anderen volkstümlichen Liedformen, die von Pepusch mit einem Generalbass versehen wurden. Die 69 ›Airs‹ (hier: Weisen oder Melodien) der *Beggar's Opera* sind zeitgenössischen Balladen-Sammlungen entnommen und enthalten englische, irische und schottische Straßenballaden sowie volkstümliche Lieder. Nachweisbar sind auch musikalische Zitate von Giovanni Battista Bononcini (1670–1747), Girolamo Frescobaldi (1583–1643), Händel und Henry Purcell (1659–1695). Alle diese Balladen und musikalischen Zitate waren damals weit verbreitete ›Hits‹, die Gay virtuos mit seinen textlichen Anspielungen zu neuer Aussage verband. Schließlich wurde die Musik der *Beggar's Opera* ihrerseits selbst bearbeitet, so von Frederic Austin (1872–1952), Darius Milhaud (1892–1974), Edward J. Dent (1876–1957), Benjamin Britten (1913–1976) und Sir Arthur Bliss (1891–1975) (vgl. Gay 1988, S. 374 f.). Parallelen zu den durch Weills *Dreigroschenoper*-Musik stimulierten zahllosen Bearbeitungen werden auch hier offenbar.

29.1.1728

Die Uraufführung der *Beggar's Opera* erfolgte am 29. Januar 1728 am Londoner John Rich's Theatre, Lincoln's Inn Fields. Schon im Juni des Jahres konnte man auf 62 Aufführungen zurückblicken, was damals ein außergewöhnlicher Bühnenerfolg war (vgl. Hecht 1985, S. 297). Die *Beggar's Opera* und ihr Stoff gaben Impulse zu zahlreichen Textbearbeitungen, auch im

Textbearbeitungen im 20. Jh.

20. Jh. Hier sind nicht nur Brechts *Dreigroschenoper* zu nennen, sondern auch Bearbeitungen oder freie Adaptionen von Rainer-

Werner Fassbinder (1946–1982), Václav Havel (geb. 1936), Heinz Kahlau (geb. 1931), Francisco Buarque de Holanda (geb. 1944) und Wole Soyinka (geb. 1934) (vgl. Wöhrle 1996, S. 81 ff.).

Die Uraufführung der *Beggar's Opera* in der Neubearbeitung von Nigel Playfair und Frederic Austin fand am 5. Juni 1920 am Londoner Lyric Theatre, Hammersmith statt. Ihr anhaltender großer Erfolg mit 1463 Aufführungen in zweieinhalb Jahren wurde auch im Ausland registriert. So forderte der Berliner Publizist Stefan Großmann Ende 1926 in der Zeitschrift *Das Tagebuch*: »Das volkstümliche Theater braucht das Großstadt-Singspiel, uns fehlt die Legende und Musik der Armenleutequartiere, das bißchen Mondscheinvergoldung der Mietskasernenhöfe, die musikalische Erhöhung des Leierkastens« (zit. nach: Dümling, S. 176). Bereits dreieinhalb Jahre vor der Uraufführung von Brechts und Weills *Dreigroschenoper* versuchte der Mainzer Musikverlag Schott's Söhne, seinen Hauskomponisten Paul Hindemith (1895–1963) für eine musikalische Bearbeitung der *Beggar's Opera* zu gewinnen. Am 28. Januar 1925 fragte der Verlag bei ihm an: »Die Art, wie Sie den Foxtrott in Ihrer Kammermusik in das Gebiet der ernsten Musik gezogen haben, würde auch in diesem Fall das Richtige sein: eine veredelte Gassenhauermusik bzw. deren Karikatur, zugleich eine Persiflage auf die moderne Opernmusik eines d'Albert« (Schubert, S. 47). Ungeklärt bis heute ist eine zwei Tage später veröffentlichte Notiz im *Berliner Börsen-Courier*: »Zu Paul Hindemiths nächster Oper schreibt Bertolt Brecht den Text« (Lucchesi/Shull, S. 70). Fraglich ist, ob damit eine Bearbeitung der *Beggar's Opera* durch Brecht und Hindemith gemeint war. 1928 kam die deutsche Übersetzung der von Austin und Playfair bearbeiteten *Beggar's Opera* im Verlag Schott's Söhne heraus.

5.6.1920

Paul
Hindemith

Wirkungsgeschichte

Impuls für eine neue Theaterkunst

Wie sehr die *Dreigroschenoper* bereits 1928 als Impuls für eine neue Theaterkunst begrüßt und gewertet wurde, zeigt sich beispielhaft an einer Besprechung des renommierten Musikkritikers Hans Heinz Stuckenschmidt: »Daß die Dreigroschenoper eine werdende Kunstform von unschätzbarer Wichtigkeit und Fruchtbarkeit zum erstenmal auf die Bühne gestellt hat, ist eine Tatsache, die die Historiker der Musik und der Dramatik getrost buchen können« (Wyss, S. 85).

Zukunftsweisende Rolle von Weills Musik

In diesem Zusammenhang wird Weills Musik eine zukunftsweisende Rolle innerhalb des Theaters zugesprochen und dementsprechend diskutiert. Theodor W. Adorno hebt in seinem Aufsatz »Zur Musik der ›Dreigroschenoper‹« 1929 v. a. deren Resistenz gegenüber jeglicher Vereinnahmung hervor:

> »Viele Wege hat die Gesellschaft, mit unbequemen Werken fertig zu werden. Sie kann sie ignorieren, sie kann sie kritisch vernichten, sie kann sie schlucken, so, daß nichts mehr davon übrig bleibt. Die Dreigroschenoper hat ihr zum Letzten Appetit gemacht. Indessen, es ist noch die Frage, wie ihr die Mahlzeit bekommt« (Adorno, S. 186 f.).

Ernst Bloch

Ernst Bloch bespricht das »Lied der Seeräuberjenny in der ›Dreigroschenoper‹« (1929) und stellt fest, dass hier »ein neuer Volksmond […] durch die Schmachtfetzen am Dienstmädchen- und Ansichtskartenhimmel« bricht (Bloch, S. 196). Das Lied verweise auf große Musiktradition von Mozart bis Wagner, auf ›protestantisches‹ Bibelverständnis und aufleuchtendes Morgenrot einer neuen Gesellschaft; die »unzuverlässige Musik« (ebd., S. 197) sei der sich zeigende Vorbote eines gesellschaftlichen Gegenentwurfs.

Im Vergleich zur recht einhelligen, nämlich positiven Besprechung von Weills Musik waren sich die Kritiker in ihrer Einschätzung von Brechts Stücktext und der Inszenierung deutlich uneins. Der mit ›Gl.‹ zeichnende Kritiker der *Neuen Preußischen Kreuz-Zeitung* vermerkt am 1. September 1928 negativ: »Das Ganze ließe sich am besten als eine literarische Leichenschändung bezeichnen, an der das einzig Bemerkenswerte wäre, die

Kritik

Nichtigkeit des Objektes, an welcher sie vollzogen wurde«
(Wyss, S. 80). Vom Meinungsbild her ergibt sich die Tendenz,
dass die konservative und nationalistische Presse das Werk negativ rezensiert, die bürgerlich-liberalen und linken Printmedien
dagegen eine größere Spannbreite der Wertungen aufweisen.

Monty Jacobs schreibt am 3. September 1928 in der *Vossischen
Zeitung*: »Gestern blitzte alles von Wagemut, Temperament,
Angriffslaune, ohne daß die Seiten des Parteibuchs knisternd
umgeblättert wurden.« Brecht habe großen Erfolg »mit der Bearbeitung einer fremden Vorlage gefunden, mit einem Werk also,
an das er gewiß nicht den vollen Einsatz seines Ehrgeizes ge-
wandt hat. Aber gerade in dieser Arbeit ist Bert Brechts bestes
Teil zu spüren: der Lyriker, der Bänkelsänger, der Balladen-
schöpfer« (ebd., S. 80 f.).

Kritischer wird die *Dreigroschenoper* von dem mit ›-er-‹ zeich-
nenden Kritiker der *Roten Fahne* vom 4. September 1928 gesehen, denn »steht man der Gegenwart mehr oder minder ver-
ständnislos gegenüber, so flüchtet man in die Vergangenheit
[...]. Von moderner sozialer oder politischer Satire keine Spur«
(S. 82 f.).

Die Schallplattenindustrie vermarktete den Erfolg der *Dreigroschenoper* sofort. Zwischen 1928 und 1931 brachten elf Labels
die Musik heraus. Für die am 7. Dezember 1930 realisierte Auf-
nahme des Labels Ultraphon/Telefunken *Aus der 3-Gro-
schenoper*, in der Lotte Lenja (Polly, Jenny, Lucy), Erika Helmke
(Polly, Frau Peachum), Willy Trenk-Trebitsch (Macheath), Kurt
Gerron (Tiger-Brown) und Erich Ponto (Peachum) zu hören
sind, schreibt Brecht für die einzelnen Musiknummern verbindende Zwischentexte, die von Kurt Gerron eingesprochen werden (vgl. GBA 24, S. 68–70, S. 474 f.; vgl. Hinton, S. 1–7). Auch
die Labels Homocord und Orchestrola verpflichten Schauspieler aus dem Umkreis der Uraufführung wie Carola Neher, Harald Paulsen und Kurt Gerron. Brecht selbst nahm im Mai 1929
für das Label Orchestrola zwei Songs auf, die »Moritat« und das
»Lied von der Unzulänglichkeit menschlichen Strebens«, welche
zu den seltenen Tonaufnahmen des singenden Brecht gehören.
Das Haller-Revue-Jazz-Orchester war ebenso mit instrumenta-
len Jazz-Bearbeitungen der Musik zu hören wie Paul Godwin

Vermarktung durch Schallplatten-industrie

Jazz-Bear-beitungen

mit seinen Jazz-Symphonikern. 1929 veröffentlichte das im Berliner Hotel Adlon spielende Orchester Marek Weber außerdem ein »Tanzpotpourri« mit Musik aus der *Dreigroschenoper*. All das belegt die schnell wachsende Popularität von Weills Musik, die sich auch auf die weitere Verbreitung des Bühnenwerks auswirkte.

»Tanz-
potpourri«

Die nach der Machtübergabe an Hitler verbotene *Dreigroschenoper* gelangte 1938 unter ganz anderen Vorzeichen nochmals in den Blickpunkt öffentlichen Interesses, als die Düsseldorfer Propaganda-Ausstellung ›Entartete Musik‹ v. a. Fotos von Weill sowie Notenautograph- und Tonbeispiele aus der *Dreigroschenoper* präsentierte (Abb. in: Farneth, S. 203). Dadurch konnte ein Teil der Besucher Tonaufnahmen des verbotenen Werks genussvoll hören, was von den Veranstaltern natürlich nicht beabsichtigt war.

1938

Nach dem Ende des Zweiten Weltkriegs verhielt sich Brecht skeptisch gegenüber ersten Aufführungen, wie aus seinem *Journal* vom 25. September 1945 hervorgeht:

»Wir hören, daß in Berlin die ›Dreigroschenoper‹ aufgeführt wurde, vor vollen Häusern; dann abgesetzt werden mußte, auf Betreiben der Russen. Die BBC (London) habe als Protestgrund die Ballade ›Erst kommt das Fressen, dann kommt die Moral‹ angeführt. Ich selbst hätte das Stück nicht aufführen lassen. In Abwesenheit einer revolutionären Bewegung wird die ›message‹ purer Anarchismus« (GBA 27, S. 232).

Gemeint ist die erste deutsche Nachkriegsaufführung der *Dreigroschenoper*, die am 15. August 1945 im Berliner Hebbel-Theater Premiere hatte; Karlheinz Martin führte Regie und Hubert von Meyerinck spielte den Macheath. Günther Weisenborn äußerte sich am 23. August in der *Deutschen Volkszeitung*: »Wenn draußen vor dem Theater Dynamit an die Ruinen gelegt wird, um sie wegzusprengen, so wirkt das Dynamit der *Dreigroschenoper* ebenso in den Ruinen hinter den Stirnen der heutigen Öffentlichkeit.« Danach kam es zu weiteren Inszenierungen, u. a. 1946 in Prag (Regie: Emil František Burian) und 1949 in München (Regie: Harry Buckwitz). Während Brechts Versuche, das Stück im amerikanischen Exil zur Aufführung zu bringen, scheiterten (1933 erreichte die einzige amerikanische In-

Erste dt.
Nachkriegs-
aufführung

szenierung in New York nur wenige Aufführungen), erfolgte am 10. März 1954 am New Yorker Theatre de Lys der sensationelle Durchbruch in der Fassung Marc Blitzsteins (mit Lotte Lenya als Jenny). Brecht war an dieser Inszenierung nicht beteiligt.

In eine andere Inszenierung des Auslands war Brecht jedoch persönlich involviert. Für die geplante Aufführung am Mailänder Piccolo Teatro gab Brecht dem Regisseur Giorgio Strehler nicht nur Aufführungshinweise, sondern kam auch zur Premiere am 10. Februar 1956, seinem 58. Geburtstag. Die Inszenierung wurde ein großer Erfolg, der letzte, den Brecht noch erleben konnte. Am 27. Februar schrieb er an das Theater einen Dankesbrief: »Feuer und Kühle, Lockerheit und Exaktheit zeichnen diese Aufführung vor vielen aus, die ich gesehen habe. Sie verschaffen dem Werk eine echte Wiedergeburt« (GBA 30, S. 431).

Nach der Uraufführung 1928 inszenierte Erich Engel 1960 am Theater am Schiffbauerdamm seine zweite *Dreigroschenoper* (Premiere am 23. April). Wie sehr sich die Bewertung des Werks durch die politischen Verhältnisse verändert hatte, macht die Kritik Henryk Keischs im *Neuen Deutschland* vom 5. Mai 1960 deutlich:

> »Diejenigen, die früh mit dem Haifischsong aufwachten und abends mit der Ballade vom angenehmen Leben einschliefen, gehörten in weitaus überwiegender Zahl einer intellektuellen oder halbintellektuellen Schicht von meist kleinbürgerlicher Prägung an, die seit dem Ersten Weltkrieg ihre Wurzeln verlor. Das waren Menschen, die sich dem Proletariat näherten, ohne noch alle Konsequenzen solcher Annäherung auf sich nehmen zu können oder zu wollen. Die anarchistischen Züge der ›Dreigroschenoper‹, das Äußerlich-Provokante, die Bürgerschreckelemente ersetzten ihnen wirksame revolutionäre Taten. Zwar ging Brecht ohne Zweifel bereits einige beträchtliche Schritte über den nur-formalen Protest mancher Literatur- und Kunstbewegungen jener Zeit hinaus. Aber er befand sich doch erst auf dem Weg zu seinen späteren marxistischen Positionen. Die ›Dreigroschenoper‹ ist das Werk eines Moralisten, daher eines Hassers der Bourgeoisie. Sie ist noch nicht das Werk eines Klassenkämpfers.«

Lange wurde die *Dreigroschenoper* in diesem Licht gesehen als ein Werk, dessen kritische Haltung von 1928 in der DDR ›überwunden‹ und ›museal‹ geworden bzw. an das andere (kapitalistische) Deutschland adressiert war.

War die *Dreigroschenoper* für die DDR v. a. in ihrer historischen Kapitalismus-Kritik interessant, so vollzog sich in der Bundesrepublik Deutschland ein Prozess ihrer Historisierung zu einem ›klassischen‹ Werk. Am 8. Oktober 1958 war in der *Frankfurter Allgemeinen Zeitung* zu lesen:

Historisierung zu einem ›klassischen‹ Werk

> »Heute ist die ›Dreigroschenoper‹ in den Zustand eines klassischen Stückes entrückt, was noch dadurch verstärkt wird, daß jedermann die Songs der ersten Besetzung als Schallplattenkonserven zu Haus im Plattenschrank hat. Paradox auch dies: Man kann die klassisch gewordene Dreigroschenoper eigentlich nur nachspielen. Sie eignet sich wenig zur neuen Interpretation, jedenfalls nicht, solange die westliche Gesellschaft an der Übereinkunft festhält, sich selbst intakt zu finden, andrerseits den Mangel an Konvention, der 1928 noch schockierte, längst in ihr Weltbild einbezogen hat« (zit. nach: Wöhrle 1996, S. 80).

Fernsehproduktion

Im Jahr 1957 kam in der Bundesrepublik Deutschland *Die Dreigroschenoper* als Fernsehproduktion heraus (Regie: Michael Kehlmann), 1963 folgte der Spielfilm *Die Dreigroschenoper* (Regie: Wolfgang Staudte), der von den Kritikern im Vergleich zum Film *Die 3 Groschen Oper* von 1931 als misslungen eingeschätzt wurde. Bis weit in die 1960er-Jahre hinein dominierte die Tendenz, den Unterhaltungswert der *Dreigroschenoper* gegen ihre kritische Aussage auszuspielen, wie es sich in einer Besprechung der Inszenierung von Harry Buckwitz zeigte, die am 9. April 1965 in der *Frankfurter Rundschau* erschien. Dem Kritiker präsentierte sich Macheath, als sei er »ein direkter Nachkomme des Räuberhauptmanns Rinaldo Rinaldini« (ebd.). Allerdings wirkte sich die ab 1968 zunehmende Politisierung der westdeutschen Gesellschaft infolge der Studentenbewegung auch auf die Rezeption der *Dreigroschenoper* aus. So fügte die

1968

Oberhausener Inszenierung von 1968 (Regie: Günther Büch) Fotos aus dem Vietnam-Krieg in das Bühnenbild ein. Als ein »Schlüsselstück für die Nazizeit« (ebd.) inszenierte Hansgünther Heyme 1975 *Die Dreigroschenoper* in Köln, was ihm nach kontroversen Besprechungen in den Medien das Verbot der Brecht-Erben einbrachte. Ulrich Schreiber bemerkte dazu am 14. März in der *Frankfurter Rundschau*:

>»Zur Moritat von Mackie-Messer, dem Anstatt-daß-Song, der Ballade vom angenehmen Leben oder dem Kanonensong sehen wir Bilder von frühen Nazi-Umzügen in Deutschland, von herzigen BdM-Gören und KdF-Gläubigen, von Autobahnbau, Judendeportationen, Stuka-Einsätzen und schließlich vom Nürnberger Prozeß, wenn Göring & Co. ihr ›Nicht schuldig‹ sprechen.«

In den 1980er-Jahren verstärkten sich Tendenzen zu einer textgebundenen Interpretation, die Zurückdrängung radikaler, politisch aufgeladener und experimenteller Sichtweisen war die Folge. Dennoch machten Inszenierungen wie die von Juri Ljubimow 1981 in Budapest auf sich aufmerksam, denn der Regisseur ließ das Stück in einem englischen Doppeldecker-Bus spielen. 1983 benutzte Jürgen Flimm für seine Kölner Inszenierung einen zerstörten Pkw des Typs ›Borgward‹ als Wohlstandssymbol der 1950er-Jahre, und Günter Krämer ließ die Schauspieler 1987 am Theater des Westens in Berlin auf einer sich über den gesamten Bühnenraum erstreckenden und in den Orchestergraben absteigenden Eisentreppe spielen.

Inszenierungen der 1990er-Jahre waren vom Trend einer postmodernen Vielfalt und Beliebigkeit geprägt; Rezensionen wie die von Andreas Specht in der *Rhein-Zeitung* vom 4. Oktober 1994 zur Inszenierung Hans Hollmanns am Schauspiel Frankfurt/M. geben einen Eindruck davon:

>»Natürlich irritiert es, wenn statt in der gewohnten Gauner- und Bettlerkulisse das Spiel in einem surrealen Panoptikum aus rosa Särgen abgeht (Bühne: Lötz/Plate); wenn Macheath (grandios: Friedrich-Karl Praetorius) eher an einen abgedrehten Rock'n Roller, denn an einen Obergauner im viktorianischen London erinnert, und seine Mannen mit dem Charme verstaubter Leningrad-Cowboys herumhampeln: wenn die Huren in Jennys Bordell ausschauen wie aufgeblasene Plastik-Sex-Puppen. Aber dem Erfolgsstück von Brecht/Weill wurde hier eine spannende 90er-Fasson verpaßt, so schrill wie das TV-Bonbon-Zeitalter, in dem es aufgeführt wird« (zit. nach: Hecht 1998, S. 40).

Im Jahr 2004 erregte eine Inszenierung am Hamburger St. Pauli
Theater die Öffentlichkeit (Premiere am 8. Januar, Regie: Ulrich
Waller). In ihrer Rezension bemerkt Armgard Seegers im *Hamburger Abendblatt* vom 10. Januar 2004:

> »Die populärste Inszenierung, die man derzeit auf einer Hamburger Bühne sehen kann, ist die von Ulrich Waller inszenierte ›Dreigroschenoper‹, mit den wunderbaren Schauspielern Ulrich Tukur, Eva Mattes, Stefanie Stappenbeck, Christian Redl, Maria Bill, Peter Franke und vielen anderen. […] Die Freude daran, das Stück, das gerne bedeutungsschwer mit Kapitalismuskritik inszeniert wird, mal ganz leicht, lustig und mit kleinem Augenzwinkern zu spielen, war den Schauspielern deutlich abzulesen. […]
>
> Brechts Stück erzählt von lauter verschlagenen Egoisten, die im Kampf ums Überleben jederzeit an den eigenen Vorteil denken. Polizeichef Tiger Brown lässt sich bestechen und ist eigentlich nur eine arme Wurst, wie Peter Franke zeigt.
>
> Peachum stattet eine Armee von Bettlern mit Mitleid erregenden Utensilien als Verkehrs- oder Kriegsopfer aus, ganz kalt berechnender Bürger, der nur seine Finanzen im Auge hat. Christian Redl spielt ihn mit herrlich trauriger Melancholie, hinter der ein stets sprungbereites, aggressives Tier lauert. Bitter, brutal und ach so liebenswürdig.
>
> Eva Mattes als seine Frau ist mal Schnapsdrossel, mal hingerissen vom Charme Mackie Messers, mal strenge Mutter, aber beinhart, wenns drauf ankommt. […] Tochter Polly, eine freche Göre, für ihren Vater ›nichts als ein Haufen Sinnlichkeit‹, die gegen den Willen der Eltern Mackie heiratet, wird weniger von sinnlichen als von Geschäftsinteressen getrieben. Denn Mack ist finanziell eine gute Partie. Und Stefanie Stappenbecks Polly läuft zu Hochform auf, wenn sie sich mit ihrer Nebenbuhlerin Lucy (Anja Boche) ein wahres Zickenduell liefert.
>
> Als Dritte aus Mackies Harem spielt Maria Bill eine klapperdürre, desillusionierte Spelunken-Jenny, die in einem abgewrackten Bordell mit ihrer rauchigen Stimme das große Gefühl von Sehnsucht, Verlust und Trauer über ein vertanes Leben weckt. Sentimentaler Kitsch und Tragik treffen hier aufeinander. Das ist Theater. Das ist Oper.«

Wie sehr die einzigartige Verbindung von Musik und Text in der *Dreigroschenoper* heute zu einem Markenzeichen von Weill und Brecht geworden ist, zeigt schon die »Moritat«. Inzwischen sind ihre weltweiten Einspielungen auf Tonträger kaum noch zu überblicken; letzte Schätzungen gehen von über 300 Versionen aus. Damit sind aber keineswegs nur notengetreue Aufnahmen von Weills Musik mit Brechts Text gemeint, sondern v. a. auch die zahllosen Versionen im Jazz-, Rock-, Pop- und Schlagersektor; so haben die »Moritat« interpretiert: Louis Armstrong, Ella Fitzgerald, Stéphane Grappelli, Duke Ellington, Bing Crosby, Erroll Garner, Dick Hyman, Frank Sinatra, Bobby Darin, Hildegard Knef, Helge Roswaenge, Wolfgang Neuss, René Kollo, Franz Josef Degenhardt, Eartha Kitt, Jimmy Smith, Peggy Lee, Helen Schneider, Shirley Horn, Sting, Udo Lindenberg, Milva, Max Raabe, Robbie Williams u. a. Das war auch die Absicht Weills und Brechts: ein Werk zu schreiben, das den »Einbruch in eine Verbrauchsindustrie« bedeute,

> »die bisher einer völlig anderen Art von Musikern, von Schriftstellern reserviert war. Wir kommen mit der *Dreigroschenoper* an ein Publikum heran, das uns entweder gar nicht kannte oder das uns jedenfalls die Fähigkeit absprach, einen Hörerkreis zu interessieren, der weit über den Rahmen des Musik- und Opernpublikums hinausgeht« (Hinton/Schebera, S. 72 f.).

Dies ist in einem Maße gelungen, wie es beide Autoren damals, 1928, kaum vorhersehen konnten.

»Einbruch in die Verbrauchsindustrie«

Deutungsansätze

Im August 1928 verfasste Brecht eine »Einführung« in die *Dreigroschenoper*:

> »Herr Jonathan Peachum schlägt aus dem Elend auf seine originelle Weise Kapital, indem er gesunde Menschen künstlich zu Krüppeln herausstaffiert und sie betteln schickt, um aus dem Mitleid der wohlhabenden Stände seinen Profit zu ziehen. Er tut das keineswegs aus angeborener Schlechtigkeit. ›Ich befinde mich auf der Welt in Notwehr‹, das ist sein Grundsatz, der ihn in allen seinen Handlungen zur schärfsten Entschiedenheit zwingt. Er hat in der Londoner Verbrecherwelt nur einen ernsthaften Gegner, und das ist der junge, von den Dämchen vergötterte Gentleman Macheath. Dieser hat Peachums Tochter Polly entführt und auf eine ganz groteske Weise in einem Pferdestall geheiratet. Als Peachum von der Heirat mit seiner Tochter erfährt – die ihn nicht so sehr aus moralischen Gründen schmerzt wie aus sozialen –, beginnt er einen Krieg auf Tod und Leben mit Macheath und seiner Gaunerplatte, dessen Hin und Her den Inhalt der ›Dreigroschenoper‹ bildet« (»Anhang«, S. 91; s. auch GBA 24, S. 56).

Einzelne Arbeitsstufen
Die einzelnen Arbeitsstufen der *Dreigroschenoper* lassen sich bereits an ihren jeweiligen Titeln ausmachen. Der Titel *Gesindel*, zunächst für die erste Arbeitsstufe gewählt, weist noch nicht auf die ›Oper‹ hin, die ja die *Dreigroschenoper* nur spielerisch vorgibt sein zu wollen, aber nicht ist. Offenbar wurde sie nach ersten musikbezogenen Absprachen zwischen Weill und Brecht in *Luden-Oper* umbenannt (ein Jargon-Ausdruck für Zuhälter). Letzterer Titel umreißt die Bühnenhandlung präziser, denn die Protagonisten Macheath und Peachum lassen sich mit dem Begriff ›Gesindel‹ nicht umschreiben, sind sie doch zu sehr bürgerlichen Wertmaßstäben verpflichtet. Die Bezeichnung ›Lude‹ oder ›Zuhälter‹ beschreibt sie präziser, denn beide lassen Menschen für sich arbeiten, welche mit ihrem Körpereinsatz Profit erbringen: die Bettler wie die Huren. Die Frage, welchen Preis ein Mensch habe (oder welchen Preis er zahlen muss), wird als zentrale Frage nicht nur in diesem Stück gestellt. Brecht hat sie in

seinen Werken, z. B. in *Mann ist Mann*, der Oper *Aufstieg und Fall der Stadt Mahagonny* oder in der *Maßnahme* immer wieder thematisiert. Der ›Geldwert‹ eines Menschen wird bereits im Titel der *Dreigroschenoper* mitgedacht: Peachum wägt das Verhältnis von Mitleidserregung durch inszeniertes Elend und Gewinnspannen ab, Macheath finanziert sich ausbeuterisch durch kriminelle Aktivitäten seiner Bande wie durch Geschäftsabsprachen mit der Polizei, Peachum sieht im ›Verlust‹ seiner Tochter Polly durch die Heirat mit Macheath ›nur‹ eine geschäftsschädigende und damit um jeden Preis rückgängig zu machende Entwicklung. Die Hure Jenny lässt sich gegen Geld bestechen, um Macheath zu verraten und ihn dem Galgen auszuliefern. Im Gefängnis schließen Macheath und Brown noch kurz vor der bevorstehenden Hinrichtung letzte Geschäfte ab. Macheath muss die bittere Erfahrung machen, dass ihn fehlendes Bargeld zwecks Käuflichkeit von Menschen – hier: zur Bestechung des Wachpersonals – an den Galgen bringen wird. Am Schluss wird Macheath, schon mit dem Kopf in der Schlinge, nicht nur ›freigesprochen‹, die bloße Lebensrettung wäre zu ›billig‹. Er wird vielmehr mit allen erdenklichen materiellen Segnungen überhäuft.

Selbst die Kunst hat ihren Preis. Der Titel *Die Dreigroschenoper* muss mit dem auf der Bühne Gezeigten ernst machen, denn zu einer richtig ausgestatteten Oper sind mehr als nur drei Groschen nötig. Statt eines großen Theatervorhangs sieht das Publikum eine halbhohe Stoffgardine, welche die Bühnenarbeiter kaum verdeckt; statt eines im Orchestergraben unsichtbaren Opernorchesters sind lediglich acht Musiker auf der Hinterbühne platziert, statt Auftritten von Starsängern und Opernchören singen ›nur‹ Schauspieler, selbst formale Kriterien der Oper wie Arien und Rezitative fehlen völlig. Auch die einzige Arie der *Dreigroschenoper*, die »Arie der Lucy«, die vor der Uraufführung gestrichen und erst 1932 von Weill veröffentlicht wurde (s. Weill/Brecht), weist in ihrer isolierten Position eher auf die Abwesenheit denn auf die Anwesenheit von ›Oper‹ hin (vgl. Lucchesi 2004).

In einem Brief an den Maler George Grosz (1893–1959) vom Januar 1935 notiert Brecht zur *Dreigroschenoper*: »Hauptlinie:

Die Räuber sind Bürger. / Die Bettler haben Sparkassenbücher in der Tasche. Auch die Räuber. Auch die Huren. [...] / Der Galgen ›zur Verfügung gestellt von der Firma X und Co‹« (GBA 28, S. 484). Während Gay in der *Beggar's Opera* unverhohlen das brutale Profitstreben des sich herausbildenden bürgerlichen Unternehmers durch Spott kritisierte, thematisiert Brecht die kriminellen Unternehmungen von gleichgesetzten Bürgern und Räubern und meint damit auch das Großkapital und die Banken, die Bestechungsaffären von Staat und Politikern, den Waffenhandel und die angezettelten Kriege. Somit handelt *Die Dreigroschenoper* auch über die Defekte der bürgerlichen Gesellschaft, die 200 Jahre zuvor, zu Gays Zeiten, noch Moderne und Fortschritt verkörperte. Brecht lässt in seinem Stück die Überlebtheit der inzwischen ›alt‹ gewordenen Gesellschaft aufscheinen. Die menschenunwürdigen Verkehrsformen sollen in der im »Lied der Seeräuber-Jenny« herbeigesehnten Rebellion beendet werden, freilich zeigt sich darin mehr wirklichkeitsfernes, romantisches Wunschdenken denn realistisches Aktionsprogramm. Theaterbesucher wie Ernst Bloch hatten dies 1928 erkannt (vgl. Bloch).

Mit Blick auf seinen *Dreigroschenroman* hatte Brecht betont, dass ihm London v. a. durch Kriminalromane bekannt sei (vgl. Jeske, S. 105). Der Ort der *Dreigroschenoper* stellt somit ein fiktives London dar, durchmischt mit realen Versatzstücken von hohem (touristischen) Bekanntheitsgrad, welche der Erzeugung von Lokalkolorit dienen: die Themse, Scotland Yard, Westminster-Glocken, Old Bailey, Baker Street, die Geschäftsstraße The Strand u. a. Brecht war jedoch weder um detailgetreue Abbildungen markanter Punkte der britischen Hauptstadt bemüht, noch um eine konsequente Verlegung der Handlung in das viktorianische Zeitalter vor der Jahrhundertwende, um Distanz zur eigenen Gegenwart von 1928 zu schaffen. Vielmehr deuten sich im Stück ganz unterschiedliche Zeitebenen an. Die von Peachum charakterisierten fünf Grundtypen des menschlichen Elends, die er in der Fassung von 1932 ausführlicher beschrieb und die v. a. das Opfer des Verkehrsfortschritts, des industriellen Aufschwungs sowie der Kriegskunst darstellen, deuten weniger auf das viktorianische London hin als auf die durch den Dawes-Plan

zwischen 1923 und 1928 sich rasant entwickelnde Hauptstadt
Berlin. Dazu gehört ebenso eine großstädtische Verkehrsdichte Berlin
wie ein hoher Entwicklungsstand der Berliner Industrie. Schließlich wird Bezug genommen auf die Kriegskrüppel des Ersten
Weltkriegs, die durch Bilder von Grosz angeregt sein könnten
oder durch Ernst Friedrichs Fotoband *Krieg dem Kriege*, der
1926 für Brecht »ein gelungenes Porträt der Menschheit zeigt«
(GBA 21, S. 176).

Eine andere Zeitebene dagegen verkörpern Macheath und
Brown. Sie sind ehemalige Kriegskameraden in bereits fortge-
schrittenem Alter, haben die Manieren des Dandytums und der
imperialistischen Kolonialkriege verinnerlicht, gehören somit
noch zu der im späten 19. Jh. aufgewachsenen Generation. Beide
haben in der britischen Kronkolonie Indien geraubt, gebrand-
schatzt und getötet, allerdings legitimiert durch den Auftrag ihres Landes. Die Morde des Zivilisten Macheath unter der Dul-
dung seines Freundes, des Polizeichefs Brown, sind die legale
Verlängerung des Kriegs mit anderen Mitteln. Hinzu kommen
Macheaths geplante (aber nicht durchgeführte) Flucht zu Pferd
in das Moor von Highgate, die Räuberbande oder der reitende
Bote des Königs: All dies sind Zeichen einer surrealen Phantasie-
und Gegenwelt, die sich mit der modernen Gegenwart der Surreale Phan-
1920er-Jahre, mit Augsburg, Berlin und dem fiktiven London tasie- und
Gegenwelt
mischt.

In der *Dreigroschenoper* werden die Verhältnisse verkehrt und
geraten am Ende des Stücks gar ins Absurde (für Brecht hier
gleichbedeutend mit dem ›Opernhaften‹). So täuscht Macheath
nicht nur eine bürgerliche Existenz aus krimineller Taktik vor,
sondern strebt konsequent danach, ein geachteter Bürger eben
dieser Gesellschaft zu werden. Er verbirgt sein Messer weniger
aus verbrecherischer Vorsicht, sondern weil es ihm ebenso wie
die Berufsbezeichnung ›Räuber‹ peinlich ist. Selbst das Blutvergießen ist ihm zuwider. Macheath ist eine Figur der Ambivalenz,
in der sich die altertümliche Praxis des Straßenraubs aus Gays
Beggar's Opera mit der Moderne aus Brechts *Dreigroschenoper*
verbindet. Sein riskantes und nicht immer ertragreiches Gewinnstreben durch blutigen wie althergebrachten Raubmord
soll in der Fassung 1932 ersetzt werden durch die zeitgemäße,

saubere Eleganz schneller Kontobewegungen, die zwar von Gewinn und Verlust sprechen, aber den tödlichen Kampf der Märkte hinter den Kurswerten verbergen.

Zitate, Scheinzitate, Anspielungen auf die Bibel

Ein wesentliches Merkmal der *Dreigroschenoper* sind die zahlreichen Zitate, Scheinzitate und Anspielungen auf die Bibel. Nicht nur Macheath und Peachum verwenden Bibelworte bei jeder Gelegenheit, ungeachtet ihrer eigenen, wenig frommen Tätigkeit. Zugleich konstruiert Brecht sein Bibelwissen auch in die Zeitebene des Stücks ein. Die Wahl des Donnerstags, an dem Jenny ›ihren‹ Macheath zum dritten Mal ›verrät‹ (wenn man das »Vorspiel« mitzählt), nimmt Bezug auf den Jünger Judas Iskarioth, auf dessen bezahlten Verrat, auf die Gefangennahme sowie Kreuzigung Jesu am nachfolgenden Freitag, dem späteren ›Karfreitag‹. Auch dem verratenen Macheath droht am Freitag der Tod. Die Hochzeitsszene im Pferdestall – »Setz' dich einstweilen auf die Krippe, Polly« (20,10) – spielt dagegen auf die Geburt Jesu im Stall zu Bethlehem an. Die drei Könige des Morgenlands, die mit ihren kostbaren Gaben dorthin pilgern, sind hier zu Macheaths Bande nebst Diebesgut verballhornt (vgl. Lucchesi 1994, S. 324). An anderer Stelle lehnt sich der weinende Brown wie der Jesus drei Mal verleugnende Petrus an die (Gefängnis-) Mauer, weil der verhaftete Macheath einen strafenden Blick auf ihn gerichtet hatte: »Ich blickte ihn an und er weinte bitterlich. Den Trick habe ich aus der Bibel« (58,7–8). Wenige Wochen nach der Uraufführung der *Dreigroschenoper* publizierte die Zeitschrift *Die Dame* eine Umfrage, in der Prominente nach ihrer Lieblingslektüre befragt wurden. Brecht antwortete: »Sie werden lachen: die Bibel« (GBA 1, S. 503 f.).

Schwierigkeit bei der Gattungs- bezeichnung

Seit ihrer Uraufführung besteht bis heute die Schwierigkeit, *Die Dreigroschenoper* als Werkgattung einzuordnen. In der Literatur wird sie unterschiedlich als eine ›Urform‹ der Oper, als Schauspiel mit Musik, als Operette, Singspiel oder als Vorform des heutigen Musicals bezeichnet. Doch ist sie vielmehr eine Mischform, die auf mehrere traditionelle Gattungsformen anspielt. Vor allem setzt sie sich, hierin Gays Vorlage kopierend, aus vielen ›gestohlenen‹ Quellen und Anregungen zusammen, die Brecht aber zu einer neuen, originären, eben Brecht'schen Qualität zusammenfügt. Beispielsweise setzt er virtuos unterschiedliche Herkunftsformen von Sprache ein: kraftvolles Luther-Deutsch (»Wenn alle gut sind, ist Sein Reich nicht fern«; 45,24), billigen Gefühlskitsch aus der Unterhaltungsindustrie (»Mackie und ich, wir lebten wie die Tauben«; 62,20–21) oder Berliner Gassenjargon (»Ich möchte Sie doch bitten, Ihre dreckige Fresse zu halten«; 69,25–26). Brecht benutzt für seine Materialgewinnung die Kulturgeschichte, die Bibel, Gays *Beggar's Opera*, François Villons Balladen, Rudyard Kiplings Gedichte und das London der Kriminalromane. Autobiographisch Erlebtes ist ebenso vorhanden wie Teile von Gays Fabel. Segmente der *Beggar's Opera* verbinden sich mit bereits vorhandenen Texten aus Brechts bisheriger Produktion. Dem folgend ist die *Dreigroschenoper* mit ihrem Untertitel »Stück mit Musik« am Treffendsten beschrieben.

Diese Vielfalt auf der textlichen Ebene findet ihre Entsprechung in Weills Musik. Hier besteht ein Reichtum an stilistisch Verschiedenem, integriert durch seinen Personalstil; so lassen sich Anklänge an Oper und Operette, barocke Kontrapunktik und Kirchenchoral oder Stilzitate moderner Tanz- und Jazzmusik der 1920er-Jahre nachweisen.

Weills Musik

Weill schafft mit seiner oftmals expressiven Musik eine Gegenwelt zum geschäftlich-kalten, ja zynischen Ton der Brecht'schen Texte. »Dadurch entsteht ein eigentümlich ausdrucksstarkes Pathos, das aber zugleich wieder durch einen gezielt falschen Ton entschärft und desavouiert wird« (Pache, S. 210). Die Musik zeichnet sich dadurch aus, zugleich gesanglich und textverständlich zu sein. Brechts kunstvoll-lapidare wie rhythmisch-prägnante Texte werden mit Weills Musik zu einem Widerhaken, zu einer sangbaren Losung im kollektiven Gedächtnis der Zuschauer. Mit Brechts und Weills *Dreigroschenoper* schien das Niederreißen der Schranken zwischen ›hoher‹ und ›populärer‹ Kunst erstmals gelungen zu sein.

Expressive Musik als Gegenwelt

Zur Forschung

Während im Zentrum der Forschungsliteratur zur *Dreigroschenoper* seit den 1960er-Jahren überwiegend ihre Text- und Fassungsgeschichte, Brechts eigene Kommentare dazu sowie die internationale Rezeptionsgeschichte standen (vgl. Unseld; Hecht 1972; Hecht 1985), kam seit den 1980er-Jahren eine veränderte Akzentuierung hinzu. Sie resultiert aus dem Perspektivwechsel, dass Brechts Dramen und Lehrstücke nicht mehr textzentristisch, sondern nur in ihrer Komplexität, also durch das differenzierte Zusammenspiel von Text, Musik und Darstellung zu analysieren sind. Bahnbrechend für diesen Forschungsansatz waren Veröffentlichungen, die Brechts intensive und lebenslange Zusammenarbeit mit Komponisten einschließlich seiner eigenen musikbezogenen Aktivitäten umfassend untersuchten (vgl. Wagner; Hennenberg 1984; Dümling; Lucchesi/Shull). Darüber hinaus lieferten Forschungsresultate über diejenigen Komponisten, welche mit Brecht zusammenarbeiteten, eine Vielzahl neuer Erkenntnisse. In der Weill-Forschung erfolgten wesentliche Impulse durch die 1962 von Lotte Lenya gegründete ›Kurt Weill Foundation for Music, Inc.‹ in New York, die weltweit zahlreiche Forschungsvorhaben, Konzert- und Bühnenaufführungen, Festivals sowie Medienprojekte stimuliert und fördert. Dies wirkte sich auch auf einen neuen und differenzierteren Forschungsansatz gegenüber der *Dreigroschenoper* aus (vgl. Farneth; Hinton 1990, 1998; Wöhrle 1996; Pache; Lucchesi 2001). Inzwischen hat die internationale Forschung eine eigenständige Bewertung Weills als eines der bedeutenden Komponisten des 20. Jh.s durchgesetzt, der nicht mehr auf die Rolle des Musik liefernden Mitarbeiters von Brecht reduziert ist. Damit wurden Grundlagen geschaffen, die eigenschöpferischen Anteile Brechts und Weills in ihrer Zusammenarbeit neu zu bewerten, also das besondere Zusammenspiel von Wort und Musik gleichgewichtig und angemessen darzustellen.

Die bis in die 1980er-Jahre immer wieder formulierte Irritation darüber, dass Brecht und Weill aus einer »fremden Bearbeitung« (z. B. Hill, S. 53; Dümling, S. 177) ihr weltberühmtes Logo ent-

›Kurt Weill Foundation for Music, Inc.‹

Eigenständige Bewertung Weills

wickelten, weist darauf hin, dass v. a. Brechts weitreichender Eingriff in die Textvorlage lange unterschätzt wurde. Allerdings gilt die Abwertung der *Dreigroschenoper* zu einer »literarischen Seifenblase«, wie dies Ulrich Weisstein noch 1984 tat (Weisstein, S. 284), inzwischen als überholt. Auch Ernst Schumacher hatte 1955 ähnlich argumentiert: »Brecht hielt sich zu seinem eigenen Nachteil zu sehr an den Text des John Gay. Er bearbeitete nur, statt umzuarbeiten. Er übersetzte sozusagen, statt die Polemik des John Gay in die eigenen Verhältnisse zu übertragen« (Schumacher, S. 223). Demgegenüber hat sich in der aktuellen Forschung die Erkenntnis durchgesetzt, dass selbst dort, wo Brecht in der fremden Textvorlage einzelne Worte hinzufügt oder streicht, eine qualitativ neue Aussage entsteht, welche die Vorlage zu einem originären Brecht-Text wandelt (vgl. Knopf 1980, S. 55–57). Ein Beispiel: Villons Schlussvers aller Strophen der »Ballade vom angenehmen Leben« lautet: »nur wer in Wohlstand schwelgt, lebt angenehm« (Villon, S. 86 f.). Brecht greift lediglich mit einer Wortwiederholung ein: »Nur wer im Wohlstand lebt, lebt angenehm!« (59,11; 59,21; 60,2) Mit dem neuen Wort »lebt« prägt Brecht die Aussage in eine Allgemeingültigkeit und Zeitlosigkeit um, während Villons »schwelgt« zeitbezogen im feudalen Kontext verharrt. Darüber hinaus führt Brecht eine Wortwiederholung ein, die als einprägsame Losung von unübertroffener, zitierbarer Kraft ist.

Doch nicht nur der Brechtsche Stücktext wird von der heutigen Forschung neu erschlossen, auch für die Musik Weills gilt dies. Beispiel gebend ist wiederum *Die Dreigroschenoper*, welche als erstes Werk in der durch die ›Kurt Weill Foundation for Music, Inc.‹ begonnenen Gesamtausgabe der Werke Weills erschien. Diese quellenkritische Edition umfasst drei Bände: einen Faksimiledruck der autographen Partiturmaterialien (1996 erschienen), dann die im Jahr 2000 veröffentlichte, nach neuestem Forschungsstand rekonstruierte Partiturfassung im Notendruck (mit jener Textfassung Brechts, die hier abgedruckt ist), zusammen mit dem *Critical Report* (s. Hinton/Harsh). Damit liegen erstmals sorgfältig edierte Aufführungsmaterialien für Forschung und Praxis vor, welche sich im Text- und Musikbereich an der Berliner Uraufführung von 1928 orientieren.

2000: Partiturfassung

Literaturhinweise

Die Verweise auf Brechts Texte beziehen sich auf die Ausgabe:
Bertolt Brecht: *Werke*. Große kommentierte Berliner und Frankfurter
Ausgabe, hg. v. Werner Hecht, Jan Knopf, Werner Mittenzwei u. Klaus-
Detlef Müller, Berlin u. Weimar/Frankfurt/M. 1988 ff. [zit. als GBA mit
Band u. Seitenzahl].

A. Textausgaben (Auswahl)

Die Dreigroschenoper. Berlin, Wien, Leipzig 1928.
Die Dreigroschenoper, in: *Versuche 8–10, H. 3*, Berlin 1932, S. 150–233.
Die Dreigroschenoper, in: Brecht, Bertolt: *Stücke III*, Frankfurt/M. 1955,
    S. 5–140.
Die Dreigroschenoper, in: *Versuche 8–10, H. 3*, Berlin und Frankfurt/M.
    1959, S. 145–219.
Die Dreigroschenoper, in: *Versuche 1–4, H. 3*, Berlin 1963, S. 145–219.
Die Dreigroschenoper, in: Brecht, Bertolt: *Gesammelte Werke in 20 Bän-
    den*, Bd. 2, Frankfurt/M. 1967, S. 393–486 (Werkausgabe edition
    suhrkamp).
Die Dreigroschenoper. Frankfurt/M. 1968 (edition suhrkamp 229)
Die Dreigroschenoper, in: Brecht, Bertolt: *Versuche 1–4, H. 3*, Frankfurt/
    M. 1977 (Reprint), S. 144–219.
Die Dreigroschenoper, in: Brecht, Bertolt: *Werke in fünf Bänden*, Bd. 1,
    Berlin und Weimar 1981, S. 39–131.
Die Dreigroschenoper. Leipzig 1986.
Die Dreigroschenoper, in: GBA 2, S. 229–308.

B. Notenausgaben (Auswahl)

Weill, Kurt: *Die Dreigroschenoper. Klavier-Direktion*, Universal-Edition
    A.G. Wien-Leipzig (UE 8849) [Oktober] 1928.
–: *Die Dreigroschenoper. Klavierauszug* (hg. v. Norbert Gingold), Uni-
    versal-Edition A.G. Wien-Leipzig (UE 8851) [November] 1928.
–: *Die Dreigroschenoper. Partitur*, hg. v. Karl Heinz Füssl, Universal Edi-
    tion Wien (UE 14901) [1972].
Harsh, Edward (Hg.): *Die Dreigroschenoper. A Facsimile of the Holo-
    graph Full Score*, The Kurt Weill Edition, European American Music
    Corporation, Series IV, Vol. 1, New York u. Miami 1996.
Hinton, Stephen/Harsh, Edward (Hg.): *Die Dreigroschenoper*, The Kurt
    Weill Edition, European American Music Corporation, Series I, Vol. 5,
    New York u. Miami 2000 [zit. als: Hinton/Harsh].

–: *Die Dreigroschenoper. Critical Report*, The Kurt Weill Edition, European American Music Corporation, Series I, Vol. 5, New York u. Miami 2000.

C. Materialien (Auswahl)

Bertolt-Brecht-Archiv: *Bestandsverzeichnis des literarischen Nachlasses*, 4 Bde., bearbeitet v. Ramthun, Herta, Berlin u. Weimar 1969 ff. [zit. als: BBA].

Drew, David (Hg.): Kurt Weill, *Ausgewählte Schriften*, Frankfurt/M. 1975.

Farneth, David: *Kurt Weill. Ein Leben in Bildern und Dokumenten*, München 2000.

Gay, John: *Die Bettleroper*, Leipzig 1961.

–: *Dramatic Works*, Bd. 2., hg. v. John Fuller, Oxford 1988.

Grosch, Nils (Hg.): Kurt Weill. *Briefwechsel mit der Universal Edition*, Stuttgart u. Weimar 2002.

Hecht, Werner: *Brecht Chronik 1898–1956*, Frankfurt/M. 1997.

Hennenberg, Fritz (Hg.): *Brecht-Liederbuch*, Frankfurt/M. 1984.

Hinton, Stephen/Schebera, Jürgen (Hg.): Kurt Weill, *Musik und musikalisches Theater. Gesammelte Schriften*, Mainz 2000.

Villon, François: *Des Meisters Werke*. Ins Deutsche übertragen v. K. L. Ammer, Leipzig 1907.

Weill, Kurt/Brecht, Bertolt: *Die unterdrückte Arie der Lucy aus der Dreigroschenoper von Kurt Weill. Text von Bert Brecht.* Erste Veröffentlichung in: Die Musik (Musikbeilage), Jg. XXV, H. 2, Berlin [November] 1932.

D. Interpretationen und Forschungsliteratur (Auswahl)

Adorno, Theodor W.: »Zur Musik der Dreigroschenoper«. In: Unseld, S. 184–187.

Bloch, Ernst: »Lied der Seeräuber-Jenny in der ›Dreigroschenoper‹«. In: Unseld, S. 195–197.

Csampai, Attila/Holland, Dietmar (Hg.): *Brecht/Weill ›Die Dreigroschenoper‹ – Strawinsky ›The Rake's Progress‹*, Reinbek 1987.

Drew, David (Hg.): *Über Kurt Weill*, Frankfurt/M. 1975.

Dümling, Albrecht: *Laßt euch nicht verführen. Brecht und die Musik*, München 1985.

Fischer, Ulrich: »Die ›Dreigroschenoper‹ – Ein Fall für (mehr als) Zwei. Weill, Brecht, et al. in den Untiefen des Gesellschafts- und Urheberrechts«. In: Dreigroschenheft, H. 2, Augsburg 2001, S. 23–44.

Frisch, Werner/Obermeier, K. W.: *Brecht in Augsburg*, Berlin u. Weimar 1975.

Hauptmann, Elisabeth: *Julia ohne Romeo*, Berlin u. Weimar 1977.

Hecht, Werner: »Die ›Dreigroschenoper‹ und ihr Urbild«. In: Ders.: *Sieben Studien über Brecht*, Frankfurt/M. 1972, S. 73–107.

Hecht, Werner (Hg.): *Brechts ›Dreigroschenoper‹*, Frankfurt/M. 1985.

–: »*alles was Brecht ist…*«. *Fakten – Kommentare – Meinungen – Bilder*, Frankfurt/M. 1998.

Hennenberg, Fritz: »Weill, Brecht und die ›Dreigroschenoper‹«. In: Österreichische Musikzeitschrift, H. 6, Wien 1985, S. 281–291.

–: »Studien zu Brechts Dreigroschenoper«. In: Brecht, Bertolt: *Die Dreigroschenoper*, Leipzig 1986, S. 107–126.

–: *Neue Funktionsweisen der Musik und des Musiktheaters in den zwanziger Jahren. Studien über die Zusammenarbeit Bertolt Brechts mit Franz S. Bruinier und Kurt Weill*, Halle 1987 [Masch.].

Hill, Claude: *Bertolt Brecht*, München 1978.

Hinton, Stephen (Hg.): Kurt Weill, *The Threepenny Opera*. Cambridge Opera Handbooks, Cambridge [u. a.] 1990.

Hinton, Stephen: »Die Dreigroschenoper – ein Mißverständnis«. In: Metzger, Heinz-Klaus [u. a.] (Hg.): *Musik-Konzepte. Kurt Weill. Die frühen Werke 1916–1928*. Heft 101/102. München 1998, S. 130–142.

Jeske, Wolfgang (Hg.): *Brechts Romane*, Frankfurt/M. 1984.

Kebir, Sabine: *Ich fragte nicht nach meinem Anteil. Elisabeth Hauptmanns Arbeit mit Bertolt Brecht*, Berlin 1997.

Keisch, Henryk: [Rezension] in: Neues Deutschland (Berlin), 5. 5. 1960.

Knopf, Jan: *Brecht-Handbuch Theater*, Stuttgart 1980.

–: *Bertolt Brecht*, Stuttgart 2000.

Knopf, Jan (Hg.): *Brecht Handbuch in fünf Bänden*. Stuttgart 2001 ff.

Lenya-Weill, Lotte: »Das waren Zeiten!« In: Unseld, S. 220–225.

Lucchesi, Joachim: »Geschärfte Musik. Bertolt Brecht/Kurt Weill: ›Die Dreigroschenoper‹«. In: Diskussion Deutsch, H. 139, Frankfurt/M. 1994, S. 323–328.

–: »Die Dreigroschenoper«. In: Knopf 2001 ff., Bd. 1, S. 197–215.

–: »Die Songs der Dreigroschenoper«. In: Knopf 2001 ff., Bd. 2, S. 161–168.

–: »›O Welt! O Menschen!‹ Operngroschen in der Dreigroschenoper«. In: Giesler, Birte [u. a.] (Hg.): Gelegentlich: Brecht. Jubiläumsschrift für Jan Knopf zum 15-jährigen Bestehen der Arbeitsstelle Bertolt Brecht (ABB). Heidelberg 2004, S. 19–29.

Lucchesi Joachim/Shull, Ronald K.: *Musik bei Brecht*, Frankfurt/M. 1988.

Mayer, Hans: *Brecht in der Geschichte. Drei Versuche*, Frankfurt/M. 1976.

Pache, Walter: »Brecht und die Briten. Von der ›Beggar's Opera‹ zur ›Dreigroschenoper‹«. In: Koopmann, Helmut (Hg.): *Brechts Lyrik – neue Deutungen*, Würzburg 1999, S. 199–214.

Petzoldt, Richard: »Die Musik der Bettleroper«. In: Gay 1961, S. 159–175.

Riha, Karl: *Moritat, Bänkelsong, Protestballade. Zur Geschichte des engagierten Liedes in Deutschland*, Frankfurt/M. 1975.

Schebera, Jürgen: *Kurt Weill. Eine Biographie in Texten, Bildern und Dokumenten*, Leipzig 1990.

Schreiber, Ulrich: »Oper plus Revue: eine halbe Sache«. In: Frankfurter Rundschau, 14. 3. 1975.

Schubert, Giselher: *Paul Hindemith in Selbstzeugnissen und Bilddokumenten*, Reinbek 1981.

Schumacher, Ernst: *Die dramatischen Versuche Bertolt Brechts 1918–1933*, Berlin 1955.

Seegers, Armgard: »Der Haifisch hat noch Zähne«. In: Hamburger Abendblatt, 10. 1. 2004.

Unseld, Siegfried (Hg.): *Bertolt Brechts Dreigroschenbuch*, Frankfurt/M. 1960.

Wagner, Gottfried: *Weill und Brecht. Das musikalische Zeittheater*, München 1977.

Weisenborn, Günther: [Rezension] in: Deutsche Volkszeitung, 23. 8. 1945.

Weisstein, Ulrich: »Von reitenden Boten und singenden Holzfällern: Bertolt Brecht und die Oper«. In: Hinderer, Walter (Hg.): *Brechts Dramen. Neue Interpretationen.* Stuttgart 1984, S. 266–299.

Wöhrle, Dieter: *Bertolt Brechts medienästhetische Versuche*, Köln 1988.

–: *Bertolt Brecht: Die Dreigroschenoper*, Frankfurt/M. 1996.

Wyss, Monika: *Brecht in der Kritik*, München 1977.

Wort- und Sacherläuterungen

8.1 **Personen**: Brecht und sein Mitarbeiterteam haben vermutlich vergessen, die Stückfigur des Pastor Kimball (ab 28.19) im Personenverzeichnis aufzuführen. Auch im Personenverzeichnis des Stückabdrucks in GBA 2, S. 230 ist Kimball nicht aufgeführt. Im Kommentar zu GBA 2, S. 443 bleibt dieser Sachverhalt unerwähnt.

8.16 **KONSTABLER**: (Engl. Constable): Beamtete Polizisten in Großbritannien.

9.1 **OUVERTÜRE**: (Franz.) Eröffnung: Instrumentalvorspiel zu Bühnenwerken oder Oratorien.

9.15 **MORITAT**: Vortrag der Moritaten- oder Bänkelsänger auf Jahrmärkten, bestehend aus einem Liedvortrag mit Drehorgelmusik auf einem Podest (Bank, Bänkel) sowie einer Prosageschichte. Eine Tafel mit der das Geschehen illustrierenden Bildfolge veranschaulicht den Inhalt, auf die der Bänkelsänger während seines Vortrags mit einem Zeigestock weist. Die Moritat hat meist schaurige Ereignisse oder Mordtaten zum Gegenstand. Brecht kannte Moritaten seit seiner frühesten Jugend, als er häufig den ›Plärrer‹, einen Augsburger Jahrmarkt, besuchte. Ein Bekannter aus Brechts Augsburger Zeit, Max Knoblach, erinnert sich an den Vortrag eines Moritatensängers, dessen Bänkellied als metrisches Modell für die »Moritat« gedient haben könnte: »Menschen, höret die Geschichte, / Die erst kürzlich ist geschehn, / Die ich treulich euch berichte, / Laßt uns dran ein Beispiel nehm'« (Frisch/Obermeier, S. 175). Aus der »Moritat« der *Dreigroschenoper* (vgl. GBA 11, S. 340 f.) zitiert Brecht außerdem noch in seinem Filmexposé *Die Beule* von 1932 (s. GBA 19, S. 307) und in seinem *Dreigroschenroman* von 1934 (s. GBA 16, S. 125). Weiterhin verwendete er 1933 die Melodie Kurt Weills für seine »Ballade vom Reichstagsbrand« (GBA 14, S. 173–176; S. 549 f.; zur Gattungsgeschichte der Moritat vgl. Riha, S. 13 ff.).

9.20 *Soho*: Damals v. a. von Kriminellen, Bettlern und Prostituierten bewohnter Londoner Stadtteil.

10.2 **Haifisch**: Dieser Raubfisch dient Brecht als Metapher für menschlich-brutales, rücksichtsloses Gewinnstreben. Vgl. die *Geschichten vom Herrn Keuner*, darin: »Wenn die Haifische Menschen wären« (GBA 18, S. 446–448).

Strand: (Engl., sprich: [strænd]). ›The Strand‹ ist eine Londoner Geschäftsstraße mit Banken, Cafés und Warenhäusern. Dadurch, dass in manchen Gesangs- oder Wortvorträgen der »Moritat« das Wort deutsch ausgesprochen wird (etwa im Sinne eines Meeresstrandes), können falsche Assoziationen erzeugt werden. Brecht hat in seiner auf Schallplatte vorliegenden Gesangsinterpretation der »Moritat« vom Mai 1929 das Wort »Strand« im Verweis auf den Straßennamen englisch ausgesprochen. Zusätzlich deutet die nachfolgende Verszeile »Und ein Mensch geht um die Ecke« auf die Londoner Stadtlandschaft hin. Im Stück wird noch einmal auf diese Straße verwiesen (21,7). 10.7

J. Peachum: Jonathan Jeremiah Peachum ist ein aus Gays Stück übernommener und sprechender Name. Er leitet sich von (engl.) to peach = verpfeifen her. Peachums Vornamen dagegen sollen auf ihn als einen Kenner der Bibel weisen. 11.10

Kasten mit fünf [...] Grundtypen des Elends: Peachum beschreibt nur andeutungsweise diese Einteilung (15,17–21). In der Fassung 1932 lässt Brecht ihn diese fünf Grundtypen näher erläutert. Filch erhält hier die Ausstattung D (statt A in der Fassung 1928): 11.17–18
»Ausstattung A: Opfer des Verkehrsfortschritts. Der muntere Lahme, immer heiter *er macht ihn vor*, immer sorglos, verschärft durch einen Armstumpf.
Ausstattung B: Opfer der Kriegskunst. Der lästige Zitterer, belästigt die Passanten, arbeitet mit Ekelwirkung *er macht ihn vor*, gemildert durch Ehrenzeichen.
Ausstattung C: Opfer des industriellen Aufschwungs. Der bejammernswerte Blinde oder die Hohe Schule der Bettelkunst. *Er macht ihn vor, indem er auf Filch zuwankt. Im Moment, wo er an Filch anstößt, schreit dieser entsetzt auf. Peachum hält sofort ein, mustert ihn erstaunt und brüllt plötzlich:* E r h a t M i t l e i d ! Sie werden in einem Menschenleben kein Bettler. So was taugt höchstens zum Passanten. Also Ausstattung D! [...] *Zu Filch:* Zieh dich aus und zieh das an, aber halt es im Stande!
FILCH Und was geschieht mit meinen Sachen?

PEACHUM Gehören der Firma. Ausstattung E. Junger Mann, der bessere Tage gesehen hat, beziehungsweise dem es nicht an der Wiege gesungen wurde« (GBA 2, S. 236 f.).

12.21 »*Geben ist seliger als Nehmen*«: Vgl. Apostelgeschichte des Lukas 20,35: »Geben ist seliger als nehmen«.

12.22 *Schnürboden*: Bereich über der Theaterbühne mit Seilzügen, von dem aus Prospekte, Kulissen oder Requisiten heruntergelassen bzw. heraufgezogen werden.

12.28 »**Gib, so wird dir gegeben**«: Vgl. Lukas 6,38: »Gebet, so wird euch gegeben.«

12.33 *Filch*: Ein aus Gays Stück übernommener und sprechender Name. Er leitet sich von (engl.) to filch = klauen her.

13.26 **Highland Street**: Für die Stadt London nicht nachweisbarer Straßenname. Brecht benutzt auch Phantasienamen zur Erzeugung von Lokalkolorit. Im *Dreigroschenroman* verweist er darauf, dass er London hauptsächlich aus der Lektüre engl. Kriminalromane kenne (vgl. Jeske, S. 105).

14.10 **sein Steak im Trockenen**: Anspielung auf ›sein Schäfchen im Trockenen haben‹, ugs. für: seinen Vorteil bei einer Sache haben.

14.27 »*Verschließt euer Ohr nicht dem Elend*«: Vgl. Klagelieder Jeremias 3,56: »Verbirg deine Ohren nicht vor meinem Seufzen und Schreien!«

15.2–3 **Bakerstreet**: Anspielung auf die Figur des Meisterdetektivs Sherlock Holmes aus Sir Arthur Conan Doyles Kriminalroman *The Adventures of Sherlock Holmes* (1892), der in der Londoner Baker Street das Haus Nr. 221 B bewohnt haben soll. Brecht war ein begeisterter Leser von Kriminalgeschichten und schätzte Doyle (1859–1930) sehr.

15.11 **Krönungsfeierlichkeit**: Fiktives hist. Ereignis bei Brecht. Im 19. Jh. regierte von 1837 bis 1901 im Britischen Reich nur eine einzige Frau, Königin Victoria (1819–1901), die außerdem 1876 Kaiserin von Indien wurde und der 2. Hälfte des 19. Jh.s ihren Namen gab (›Viktorianische Ära‹).

17.13 **was das Brot für den Hungrigen**: Vgl. Hesekiel 18,7: »der mit dem Hungrigen sein Brot teilt.«

17.25 **Step**: Steptanz, aus Nordamerika übernommen, bei dem der Rhythmus im Wechsel durch klappende Fußspitzen- und Fersen-

schläge erzeugt wird. Die Schuhsohlen sind mit Stepeisen be-
schlagen.

mit Glacéhandschuhen angefaßt: Sprichw. für: jd. vorsichtig,   17.30
schonend behandeln. Glacéhandschuhe haben feines Leder aus
Zickel- oder Lammfell.

Du sollst deinen [...] einen Stein stoßen: Vgl. Psalm 91,12: »und   20.29–30
du deinen Fuß nicht an einen Stein stoßest.«

Ginger Street: Der Straßenname ist für London nicht nachweis-   21.5
bar und vermutlich von Brecht erfunden. Das engl. Wort ›ginger‹
bedeutet nicht nur Ingwer, sondern hat auch eine sexuelle Kon-
notation: rötlich-gelb (Haarfarbe), sowie als Verb: aufmöbeln,
scharfmachen.

Am Strand: Vgl. Erl. zu 10,7.   21.7

Westend: Vornehmes Londoner Wohnviertel zwischen Zen-   21.10
trum und Hyde Park.

Renaissance-Sofa: Sitzmöbel, entweder aus der Renaissance   21.23
(14.–16. Jh.) oder der Neorenaissance (letztes Drittel 19. Jh.)
stammend.

wegen der Krönung am Freitag: Vgl. Erl. zu 15,11.   23.17

Chippendale: Auf den engl. Möbelproduzenten Thomas Chip-   23.22
pendale (1718–79) zurückgehender Name für einen Möbelstil,
der Ornamentmotive des franz. Rokoko und Ostasiens auf-
greift.

Quatorze: (franz.) Louis-quatorze: Kunst- und Baustil zur Zeit   23.24
König Ludwig XIV. (1643–1715) in Frankreich. Er ist eine klas-
sizistische Variante des Barock (in Frankreich auch als ›Klassik‹
bezeichnet), die von prägender Auswirkung auf die Innen- und
Außenarchitektur der europ. Höfe wurde. Modellbeispiel ist die
Schlossanlage von Versailles bei Paris.

in der Maienblüte: Übertrieben für: im jugendlichen Lebensab-   23.35
schnitt.

Droschke: (russ.) Ein- oder zweispänniges Pferdefuhrwerk mit   25.26
Kutscher für Mietfahrten.

Savoy-Hotel: Das im August 1889 am ›Strand‹ eröffnete Lon-   26.15–16
doner Luxus-Hotel; es beherbergte prominente Gäste, darunter
zahlreiche berühmte Künstler wie die Jazz-Musiker Duke Ellington, Louis Armstrong und Benny Goodman, die hier mit ihren
Orchestern spielten. Die BBC übertrug diese Konzerte weltweit.

26.17 **Selfridge**: Großes Londoner Warenhaus, das von dem amerik. Unternehmer Harry Gordon Selfridge am 15.3.1909 in der Oxford Street eröffnet wurde.

27.30 **Ißt den Fisch mit dem Messer!**: Macheath, der sich auf seine bürgerl. Tischmanieren etwas einbildet und empört ist, weiß allerdings nicht, dass das Verspeisen des Fischs mit dem (Fisch-)Messer durchaus ›richtig‹ ist.

28.1 **das Mensch**: (süddt.) Herabsetzend für: Frau. Als ›Menscher‹ bezeichnet Brecht in seinen Stücken, z. B. in *Trommeln in der Nacht*, Prostituierte.

28.25 **Herzogs von Devonshire**: Engl. Adelstitel der Familie Cavendish seit 1694.

30.26 SEERÄUBER-JENNY: Das von Polly vorgetragene Lied über die im Stück nicht vorkommende Seeräuber-Jenny (denn sie hatte – nach eigenen Worten – das Lied von einem Abwaschmädchen nur gehört und trägt es hier vor) schrieb Brecht bereits vor Entstehung der *Dreigroschenoper*. Es entstand vermutlich 1926, denn die Schauspielerin Carola Neher trug es 1926 anlässlich des Sylvesterkabaretts der Berliner Funkstunde im Radio vor (vgl. Wöhrle 1996, S. 35). Im März 1927 arrangierte Franz S. Bruinier (1905–28), der erste Brecht-Komponist, das Lied nach einer Melodie Brechts (vgl. Hennenberg 1984, S. 376; Lucchesi/Shull, S. 378 f.). Der Song trägt auch den Titel »Träume eines Küchenmädchens« und wird als Motto im *Dreigroschenroman* verwendet (s. GBA 16, S. 198 f.).

32.29–30 **Old Bailey**: (engl.) Populäre Bezeichnung für Londons Central Criminal Court, das zentrale Strafgericht; zwischen 1902 und 1907 errichtet anstelle des im 13. Jh. erbauten Newgate-Gefängnisses, in dem 1725 auch der Verbrecher Jonathan Wild gehängt wurde (s. auch S. 136).

33.34–35 **wie wir, du […] in Indien dienten**: Seit 1600 führte England zahlreiche kriegerische Auseinandersetzungen in Indien. 1858 wurde Indien Britische Kronkolonie und erhielt 1947 die Unabhängigkeit.

34.6 KANONEN-SONG: Brecht ließ sich mehrfach durch Rudyard Kiplings Ballade »Screw-Guns« (dt. »Kanonen«) in dt. Übersetzung anregen. Sein um 1924 entstandenes Gedicht »Lied der drei Soldaten« erschien 1927 in der *Hauspostille* (s. GBA 11,

S. 89). Der (noch nicht ausgeführte) Refrain des »Kanonen-Songs« wird außerdem in dem Lied »Ach Jimmi, kümmre dich nicht um den Hut« (um 1924/25; s. GBA 13, S. 295, 509) benutzt und ging 1929 in die 2. Stückfassung von *Mann ist Mann* ein (vgl. GBA 2, S. 412).

Von Cap bis Couch-Behar: »Cap« steht vermutlich für Kap Comorin, die Südspitze Indiens. »Behar« könnte auf den nördlichsten ind. Bundesstaat Bihar mit der gleichnamigen Stadt anspielen. »Couch« (engl.) bedeutet: Lagerplatz. Im übertragenen Sinn ist hier der beträchtliche Entfernungen aufweisende Aktionsradius der brit. Kolonialarmee gemeint. 34.13

Beafsteak Tartar: Eigtl. Beefsteak Tatar. Rinderhackfleisch mit Eigelb und Würzzutaten. Im übertragenen Sinn hier: Zerstückelung und Tötung von Menschen. 34.18

Kastor und Pollux: Zwillingsbrüder aus der griech. Mythologie (auch als Dioskuren bezeichnet), Söhne von Leda und Zeus. Macheath spielt auf die sprichwörtl. Unzertrennlichkeit der Zwillinge an und vergleicht sie mit der Männerfreundschaft zwischen Brown und ihm. 35.9

Hektor und Andromache: Der trojanische Held und seine Ehefrau. Macheath beherrscht das bürgerl. Bildungsgut über die griech. Mythologie nur lückenhaft. Der bildhafte Vergleich ihrer Männerfreundschaft mit der Ehe zwischen Hektor und Andromache ist nicht stimmig. 35.9–10

Schiras: Nach der gleichnamigen iran. Stadt benannter wertvoller Teppich in leuchtenden Farben, blau- oder rotgrundiert. 35.24

Scotland Yard: (engl.) Old Scotland Yard war von 1842 bis 1890 das Hauptquartier der Londoner Kriminalpolizei in Nr. 4 Whitehall Place, Scotland Yard. Dessen Lage am früheren schott. Residenzhof führte zu dieser Bezeichnung. 36.3

Wo du hingehst [...] ich auch sein: Vgl. Ruth 1,16: »Wo du hingehst, da will ich auch hingehen; wo du bleibst, da bleibe ich auch.« 37.10–11

Myrthe: Gattung der Myrtengewächse, immergrüne Sträucher oder kleine Bäume, beliebt als Braut- und Grabschmuck, war im antik. Griechenland Symbol der Liebe und Schönheit. 37.17

BARBARA-SONG: Das Gedicht entstand 1927 noch vor der *Dreigroschenoper* und wurde von Franz S. Bruinier mit einer 38.18

Melodie Brechts aufgezeichnet (vgl. Hennenberg 1984, S. 374–376). Der Name »Barbara« hat keine inhaltl. Bedeutung für die *Dreigroschenoper* und ist nur durch die Übernahme des schon vorhandenen Gedichts zu erklären. Es trägt auch den Titel »Die Ballade vom Nein und Ja« (s. GBA 11, S. 342).

41.8–9 **Cordial Medoc**: Edler Weinbrandlikör, nicht unter 38% Alkoholgehalt. Er wird aus feinem Weinbrand sowie aus Bordeaux-Weinen bzw. anderen aromatischen Weinen gewonnen. Gemeinsam ist allen Cordial-Medoc-Likören das durch Iriswurzeln erzeugte Veilchenaroma. ›Cordial‹ bedeutet ›herzstärkend‹, im engl. Sprachraum ist es eine allg. Bezeichnung für Liköre.

41.17 **doppelte Quantum**: (lat. wie groß, wie viel, so groß wie) Hier: die für Frau Peachum angemessene Menge Alkohol, nur verdoppelt.

41.25–26 **kein richtiger Stumpf [...], sondern eine Stümperei**: Der Stumpf ist ein künstlicher Abschluss fehlender oder zum Teil fehlender Gliedmaßen. Als Stümperei wird abwertend schlechte Arbeit bezeichnet. Hier Wortspiel für: ein schlecht gearbeiteter Beinstumpf.

41.35–42.1 **ein Herz haben wie Kieselstein**: Sprichw. für: ein Herz aus Stein haben, also herzlos sein.

42.28–29 **schlag' dem Faß nicht den Boden aus**: Redensart für: treib' das nicht auf die Spitze.

43.6 **vierzig Pfund**: Bezug auf Gays Stück, wonach laut ›Highwayman Act‹ von 1692 Hinweise zur Ergreifung von Straftätern mit 40 Pfund belohnt wurden.

43.13 **Menschern**: Vgl. Erl. zu 28,1.

43.15–16 **Geld regiert die Welt**: Wahlspruch Herzog Friedrichs von Sachsen im 17. Jh. (lat.: »Imperat in toto regina pecunia mundo«), zudem volkstüml. Spruch.

43.16 **Turnbridge**: Der Name ist für London nicht nachweisbar und vermutlich von Brecht erfunden. Er verweist zugleich auf Turnbridge Wells, einen ähnlich lautenden Kurort etwa 70 km südlich von London, in dem auch Prostitution existiert haben soll. Im 17. Jh. gegründet, war Turnbridge Wells später auch Georg Friedrich Händels Sommersitz.

44.6–7 **»Wenn du noch [...] noch einen kippen«**: Anspielung auf ein Bibelzitat, vgl. Erl. zu 37,10–11.

»Wenn du wohin [...] auch wohin gehen«: Anspielung auf ein 44.8–9
Bibelzitat, vgl. Erl. zu 37,10–11.

Zum Essen Brot [...] nicht einen Stein: Vgl. Matthäus 7,9: 45.11
»Welcher ist unter euch Menschen, so ihn sein Sohn bittet ums
Brot, der ihm einen Stein biete?«

MELODRAM: (franz.) Verbindung von gesprochenem Wort 51.21
und Begleitmusik.

dünn, wie ein Penny: War der Mond in »Nr. 8. Liebeslied« 51.32
(37,6–9) noch Symbol der Liebe zwischen Polly und Macheath,
so weist er nun, als abgegriffene, geringwertige Münze, auch auf
den (bezahlten) Verrat ihrer Liebe hin.

Westminster: Westminster Abbey, Londoner Krönungskirche 54.6–7
der Könige von England seit dem 11. Jh., zugleich auch Grab-
kirche.

Paspeln: Schmale Borte an Kanten und Nähten bei Kleidung. 54.26

ZUHÄLTERBALLADE: Brecht greift hier auf Villons »Ballade 55.13
von Villon und der dicken Margot« zurück (Villon, S. 93 f.), z. T.
in wörtl. Übereinstimmung.

Ich blickte ihn [...] aus der Bibel: Vgl. Lukas 22,61: »Und der 58.7–8
Herr wandte sich und sah Petrus an. [...] Und Petrus ging hinaus
und weinte bitterlich.«

Ja, wie man [...] so schläft man: (ugs.) Brecht zitiert diesen Aus- 58.23
spruch auch in seiner Oper *Aufstieg und Fall der Stadt Mahagonny* (vgl. GBA 2, S. 373 f.).

BALLADE VOM ANGENEHMEN LEBEN: Brecht greift auf 59.1
Villons »Ballade vom angenehmen Leben« des *Kleinen Testa-
ments* z. T. wörtl. zurück (Villon, S. 86 f.).

Babylon: Mesopotamische Stadt am Euphrat, ins 3. Jahrtau- 59.8
send v. Chr. zurückreichend. Anspielung auf Pracht und Reichtum dieses Zentrums der gesamten vorderasiat. Welt sowie auf
das Luxusleben eines Teils seiner Bewohner.

die Haut zum Markt zu tragen: Sprichw. für: sich für etwas 59.13
einsetzen und sich gleichzeitig dabei selbst gefährden.

Nero: Röm. Kaiser (37–68 n. Chr.), dessen Herrschaft ebenso 62.34
von Ausschweifungen wie von Grausamkeiten geprägt war. Seine Frau Octavia verstieß er zwecks Heirat seiner Geliebten Pop-
päa.

Ramses II.: Stammt aus einer der bedeutendsten ägypt. Phara- 65.28
onendynastien, Pharao von 1290–24 v. Chr.

65.29 **Ninive, beziehungsweise Cairo**: Ninive war die Hauptstadt des Assyrerreichs am linken Tigrisufer gegenüber der Stadt Mosul (Nordirak) ab 704 v. Chr., dann zerstört durch Babylonier und Meder (612 v. Chr.). Kairo dagegen, die heutige Hauptstadt Ägyptens, hat mit Ninive, wie das »beziehungsweise« glauben machen könnte, nichts zu tun. Ramses II. und Semiramis (s. u.) werden durch Peachum mit diesen beiden Städten irrtümlich in Verbindung gebracht. Brecht will andeuten, dass Peachum bürgerl. Bildungsgut nicht hinreichend beherrscht.

65.33 **Semiramis**: (griech.) Assyrische Königin (844–783 v. Chr.), der Legende nach berühmt für ihre Prachtbauten im Orient, darunter die von ihr gegründete Stadt Babylon mit den hängenden Gärten. Lit. wird Semiramis in Dramen und Opernlibretti dargestellt, so bei Voltaire (1694–1778) und Pietro Metastasio (1698–1782), deren Texte Christoph Willibald Gluck (1714–87), Giacomo Meyerbeer (1791–1864) und Gioacchino Rossini (1792–1868) vertonten.

66.4–5 **Schlangen, die sie an seinem Busen nährte**: Hier lässt Brecht bürgerl. Bildungsgut durcheinandergeraten, denn Peachum verwechselt wohl den angeblich durch Giftschlangen zu Tode gekommenen Polizeihauptmann mit dem so vollzogenen Selbstmord der ägypt. Königin Kleopatra (51–30 v. Chr.).

66.30 **Der Mensch lebt nur von Missetat allein**: Vgl. Matthäus 4,4: »Der Mensch lebt nicht vom Brot allein.«

68.14–15 **Wenn ihr nicht [...] ihr nicht betteln**: Vgl. 2. Thessalonicher 3,10: »wenn jemand nicht will arbeiten, der soll auch nicht essen.«

69.14 **Judaslohn**: Spielt auf den Verrat des Jesus durch seinen Jünger Judas Ischarioth an die jüd. Behörde an, der als Lohn dafür 30 Silberlinge erhielt, vgl. Matthäus 26,15. Vgl. auch Brechts Gedicht »Judas Ischarioth« von 1913 (GBA 13, S. 19–21).

70.9 **Suky Tawdry**: Sprechender Name aus Gays Stück: (engl.) tawdry = flitterhaft, billig (aufgeputzt).

71.7 **Buckingham-Palast**: Das für den Herzog von Buckingham 1705 errichtete Gebäude am Londoner Saint Jame's Park ist seit 1837 die Stadtresidenz der engl. Könige.

73.19–20 **LIED VON DER [...] MENSCHLICHEN STREBENS**: Vgl. Brechts »Beschwerdelied« (≈1916) mit den Verszeilen »Alle rennen nach dem Glück: / Das Glück rennt hinterher« (GBA 13, S. 91).

Gesichtsrose: Entzündung der Haut und des Unterzellgewebes im Gesichtsbereich.   74.20

SALOMON-SONG: Vorlage ist Villons »Ballade von den Torheiten der Liebe« (Villon, S. 55 f.). Neun Strophen verwendete Brecht 1939 nochmals im Stück *Mutter Courage und ihre Kinder* (s. GBA 6, S. 75), später auch betitelt mit »Die Ballade von den Prominenten«.   76.10

Salomo: König von Israel und Juda (≈965–926 v. Chr.). War wegen seiner Weisheit und klugen Politik gerühmt, nach seinem Tod zerfiel jedoch das Königreich. Als sprichwörtl. ›salomonisches Urteil‹ galt sein Schiedsspruch im Streit zweier Mütter um ein Kind, vgl. 1. Könige 3,16–28.   76.11

Und sah, daß alles eitel war: Vgl. Prediger Salomo 1,2: »Es ist alles ganz eitel, sprach der Prediger, es ist alles ganz eitel.«   76.15

Cäsar: Gajus Julius Cäsar, berühmter röm. Feldherr, Staatsmann und Schriftsteller (≈100–44 v. Chr.). Brecht hat auf den Cäsar-Stoff verschiedentlich zurückgegriffen, so in der Kalendergeschichte *Cäsar und sein Legionär* von 1942 (GBA 18, S. 389–404), in *Caesars letzte Tage*, den Brecht für eine Verfilmung 1942 vorsah (GBA 20, S. 62–88), sowie in dem Fragment gebliebenen Roman *Die Geschäfte des Herrn Julius Caesar* (GBA 17, S. 163–347).   76.21

»Auch du, mein Sohn!«: Angeblicher Ausruf Cäsars bei seiner Ermordung am 15.3.44 v. Chr., als er unter den auf ihn einstechenden Attentätern auch Brutus erblickte. Der röm. Schriftsteller Sueton (≈70–140 n. Chr.) berichtet in seinen Kaiserbiographien *De vita Caesarum*, die Brecht in dt. Übersetzung von Adolf Stahr (Berlin 1922) verwendete: »einige berichten, er [Caesar] habe dem auf ihn einstürzenden Brutus auf griechisch zugerufen: Auch du, mein Sohn?« (Zit. nach: GBA 2, S. 445)   76.26

Epistel an seine Freunde nach François Villon: Brecht zitiert in »Ruf aus der Gruft« z. T. wörtl. Villons »Epistel an seine Freunde, in Balladenform.« (Villon, S. 19 f.) Urspr. bedeutet Epistel (griech.) Apostelbrief, gottesdienstl. Lesung; hier ugs. für: Brief, Strafpredigt.   79.1–2

Eierwein: Stärkungsmittel aus Rotwein mit verquirltem Ei, v. a. für Kranke.   79.11

81.20 **Zähne sind schon lang wie Rechen**: Ugs. für: Endloses Warten. Der Rechen ist eine Harke.

83.12–13 **George war darunter und Jim war dabei**: Anspielung auf den »Kanonen-Song«, 34,7.

83.16–17 **klafterlangen**: Etwa die Länge zwischen den ausgebreiteten Armen eines Erwachsenen.

84.26 **Asserbeidschan**: Aserbaidschan ist ein Gebiet im nordwestl. Iran, ein Teil davon gehörte als Unionsrepublik zur Sowjetunion.

85.6 **GRABSCHRIFT**: Brecht greift hier zurück auf Villons »Grabschrift in Form einer Ballade die Villon für sich und seine Kumpane gemacht, als er erwartete, mit ihnen gehängt zu werden.« (Villon, S. 22 f.) sowie auf die »Ballade in der Villon jedermann Abbitte leistet.« und das »Geleit.« (ebd., S. 109 f.).

86.5 **Abtrittsweiber**: Derb für: Frauen, die öffentl. Toiletten reinigen und in Ordnung halten. Abtritt veralt. für: einfacher Abort.

88.16 **Tale, das von Jammer schallt**: Bezug auf die christl. Vorstellung von der Welt als Jammertal, durch das der Mensch hindurch muss, um in das bessere Jenseits zu gelangen; vgl. Psalm 84,7: »Wenn sie durchs dürre Tal ziehen, wird es ihnen zum Quellgrund.« Paul Gerhardt (1607–76), der luth. Pfarrer und Kirchenlieddichter, hat den Begriff ›Jammertal‹ verschiedentlich in seinen Liedern verwendet. Brecht kannte dessen Lieder seit seiner Kindheit und Jugend (vgl. GBA 13, S. 149, 453; GBA 23, S. 269).

Deutsche Literatur des 20. Jahrhunderts
in der Suhrkamp BasisBibliothek

Ingeborg Bachmann. Malina. Kommentar: Monika Albrecht und Dirk Göttsche. SBB 56. 389 Seiten

Jurek Becker
- Bronsteins Kinder. Kommentar: Olaf Kutzmutz. SBB 96. 349 Seiten
- Jakob der Lügner. Kommentar: Thomas Kraft. SBB 15. 352 Seiten

Thomas Bernhard
- Amras. Kommentar: Bernhard Judex. SBB 70. 143 Seiten
- Erzählungen. Kommentar: Hans Höller. SBB 23. 172 Seiten
- Heldenplatz. Kommentar: Martin Huber. SBB 124. 205 Seiten

Marcel Beyer. Flughunde. Kommentar: Christian Klein. SBB 125. 347 Seiten

Peter Bichsel. Geschichten. Kommentar: Rolf Jucker. SBB 64. 194 Seiten

Bertolt Brecht
- Der Aufstieg des Arturo Ui. Kommentar: Annabelle Köhler. SBB 55. 182 Seiten
- Aufstieg und Fall der Stadt Mahagonny. Kommentar: Joachim Lucchesi. SBB 63. 202 Seiten
- Die Dreigroschenoper. Kommentar: Joachim Lucchesi. SBB 48. 170 Seiten
- Geschichten vom Herrn Keuner. Kommentar: Gesine Bey. SBB 46. 217 Seiten
- Der gute Mensch von Sezuan. Kommentar: Wolfgang Jeske. SBB 25. 224 Seiten

- Herr Puntila und sein Knecht Matti. Kommentar: Anya Feddersen. SBB 50. 187 Seiten
- Kalendergeschichten. Kommentar: Denise Kratzmeier. SBB 131. 196 Seiten
- Der kaukasischer Kreidekreis. Kommentar: Ana Kugli. SBB 42. 192 Seiten
- Leben des Galilei. Kommentar: Dieter Wöhrle. SBB 1. 192 Seiten
- Mutter Courage und ihre Kinder. Kommentar: Wolfgang Jeske. SBB 11. 185 Seiten

Paul Celan. Todesfuge und andere Gedichte. Kommentar: Barbara Wiedemann. SBB 59. 188 Seiten

Max Frisch
- Andorra. Kommentar: Peter Michalzik. SBB 8. 176 Seiten
- Biedermann und die Brandstifter. Kommentar: Heribert Kuhn. SBB 24. 144 Seiten
- Homo faber. Kommentar: Walter Schmitz. SBB 3. 304 Seiten
- Montauk. Kommentar: Andreas Anglet und Florian Radvan. SBB 120. 250 Seiten

Norbert Gstrein. Einer. Kommentar: Heribert Kuhn. SBB 61. 156 Seiten

Peter Handke. Wunschloses Unglück. Kommentar: Hans Höller unter Mitarbeit von Franz Stadler. SBB 38. 132 Seiten

Christoph Hein. Der fremde Freund / Drachenblut. Kommentar: Michael Masanetz. SBB 69. 235 Seiten

Hermann Hesse
- Demian. Kommentar: Heribert Kuhn. SBB 16. 240 Seiten
- Narziß und Goldmund. Kommentar: Heribert Kuhn. SBB 40. 408 Seiten

- Peter Camenzind. Kommentar: Heribert Kuhn. SBB 83.
  215 Seiten
- Siddhartha. Kommentar: Heribert Kuhn. SBB 2. 192 Seiten
- Der Steppenwolf. Kommentar: Heribert Kuhn. SBB 12.
  312 Seiten
- Unterm Rad. Kommentar: Heribert Kuhn. SBB 34. 288 Seiten

Ödön von Horváth
- Geschichten aus dem Wiener Wald. Kommentar: Dieter
  Wöhrle. SBB 26. 176 Seiten
- Glaube Liebe Hoffnung. Kommentar: Dieter Wöhrle.
  SBB 84. 152 Seiten
- Italienische Nacht. Kommentar: Dieter Wöhrle. SBB 43.
  162 Seiten
- Jugend ohne Gott. Kommentar: Elisabeth Tworek. SBB 7.
  208 Seiten
- Kasimir und Karoline. Kommentar: Dieter Wöhrle. SBB 28.
  160 Seiten

Franz Kafka
- Brief an den Vater. Kommentar: Peter Höfle. SBB 91.
  163 Seiten
- Der Prozeß. Kommentar: Heribert Kuhn. SBB 18. 352 Seiten
- In der Strafkolonie. Kommentar: Peter Höfle. SBB 78.
  132 Seiten
- Das Urteil und andere Erzählungen. Kommentar: Peter
  Höfle. SBB 36. 188 Seiten
- Die Verwandlung. Kommentar: Heribert Kuhn. SBB 13.
  144 Seiten

Marie Luise Kaschnitz. Das dicke Kind und andere Erzählungen. Kommentar: Asta-Maria Bachmann und Uwe
Schweikert. SBB 19. 250 Seiten

Heiner Kippenhardt. In der Sache J. Robert Oppenheimer. Kommentar: Ana Kugli. SBB 58. 190 Seiten

Alexander Kluge. Der Luftangriff auf Halberstadt am 8. April 1945. Kommentar: Thomas Combrink. SBB 122. 134 Seiten

Wolfgang Koeppen. Das Treibhaus. Kommentar: Arne Grafe. SBB 76. 289 Seiten

Gert Ledig. Vergeltung. Kommentar: Florian Radvan. SBB 51. 234 Seiten

Robert Musil. Die Verwirrungen des Zöglings Törleß. Kommentar: Oliver Pfohlmann. SBB 130. 290 Seiten

Ulrich Plenzdorf. Die neuen Leiden des jungen W. Kommentar: Jürgen Krätzer. SBB 39. 158 Seiten

Joseph Roth. Hiob. Kommentar: Heribert Kuhn. SBB 112. 268 Seiten

Arno Schmidt. Schwarze Spiegel. Kommentar: Oliver Jahn. SBB 71. 154 Seiten

Arthur Schnitzler
- Lieutenant Gustl. Kommentar: Ursula Renner unter Mitarbeit von Heinrich Bosse. SBB 33. 161 Seiten
- Traumnovelle. Kommentar: Andrea Neuhaus. SBB 113. 139 Seiten

Hans-Ulrich Treichel. Der Verlorene. Kommentar: Jürgen Krätzer. SBB 60. 176 Seiten

NF 1060/4/01.18

Martin Walser. Ein fliehendes Pferd. Kommentar: Helmuth Kiesel. SBB 35. 176 Seiten

Robert Walser
- Der Gehülfe. Kommentar: Karl Wagner. SBB 102. 312 Seiten
- Geschwister Tanner. Kommentar: Margit Gigerl und Marc Caduff. SBB 97. 407 Seiten

Frank Wedekind. Frühlings Erwachen. Kommentar: Hansgeorg Schmidt-Bergmann. SBB 21. 160 Seiten

Peter Weiss
- Abschied von den Eltern. Kommentar: Axel Schmolke. SBB 77. 191 Seiten
- Die Verfolgung und Ermordung Jean Paul Marats. Kommentar: Arnd Beise. SBB 49. 180 Seiten

Christa Wolf
- Der geteilte Himmel. Kommentar: Sonja Hilzinger. SBB 87. 337 Seiten
- Kein Ort. Nirgends. Kommentar: Sonja Hilzinger. SBB 75. 157 Seiten
- Kassandra. Kommentar: Sonja Hilzinger. SBB 121. 269 Seiten
- Medea. Kommentar: Sonja Hilzinger. SBB 110. 255 Seiten

Stefan Zweig. Schachnovelle. Kommentar: Helmut Nobis. SBB 129. 114 Seiten

NF 1060/5/01.18

Fremdsprachige Literatur
in der Suhrkamp BasisBibliothek

Gerbrand Bakker. Birnbäume blühen weiß. Übersetzer:
Andrea Kluitmann. Kommentar: Andreas Ecke. SBB 137.
180 Seiten

Henrik Ibsen. Nora oder Ein Puppenheim. Übersetzer:
Angelika Gundlach. Kommentar: Andrea Neuhaus. SBB 133.
162 Seiten

Molière
- Der Geizige. Übersetzer: Annegret Ritzel. Kommentar:
Andrea Neuhaus. SBB 136. 140 Seiten
- Der eingebildete Kranke. Übersetzer: Johanna Walser und
Martin Walser. Kommentar: Andrea Neuhaus. SBB 123.
118 Seiten

William Shakespeare. Romeo und Julia. Übersetzer: Erich
Fried. Kommentar: Werner Frizen und Detlef Klein. SBB 115.
232 Seiten

Bernard Shaw. Pygmalion. Übersetzer: Harald Mueller.
Kommentar: Andrea Neuhaus. SBB 128. 162 Seiten